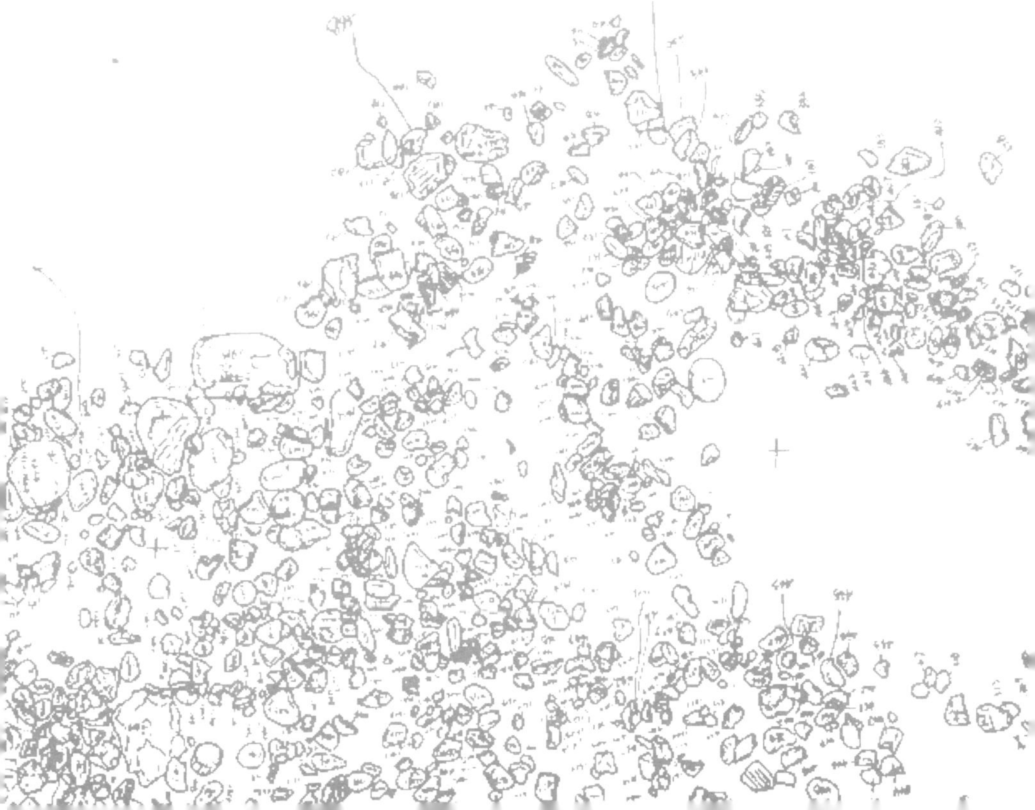

良渚无言

马黎 著

良渚词典

LIANGZHU DICTIONARY

浙江古籍出版社

出版说明

本书可以看做一部词典。首先，书中设立了100多个词条，通过这些词条，基本上把有关良渚文化的主要内容包涵进去了，每个条目是相对独立的，所以你可以顺着读，也可以翻着读；其次，本书中的部分条目会跨越线性结构和其他条目连接在一起，所以这里其实藏着一个结构；再次，本书还设立了词条检索，所以，你可以用类似查字典的方法进行检索。

本书又不完全是一部词典，因为除了以上三个特征外，其他都不具备词典的形态。条目既不下定义，也不是说明文，更没有举例子造句，说不死。但是每个条目都写成了故事，大部分都不惊心动魄、感人肺腑，读过作者文章的人都知道，这就是“马氏写法”。

既然和一般的图书有所不同，所以需要简单介绍一下本书读法。

1. 本书是按良渚文化的内部逻辑安排词条的，这个有点像我国最早的字典《说文解字》一样，“方以类聚，物以群分。同条牵属，共理相贯”。所以最简单的读法就是顺着本书的正常顺序读下去。

2. 本书的条目是独立的，所以你翻到任何一页都可以读下去；本书分了六个章节，更建议你从每章的开头读起。

3. 推荐读者可以先看下目录，目录中会把跨越线性结构连接在一起的条目都标出来，你也可以根据这些连线，寻找第二条阅读路径。另外，正文中也有和目录一致的链接结构，并标上了页码。

4. 本书还在最后设了一个“考古工具箱”，建议对考古术语和基本知识不太了解的读者，先打开“考古工具箱”，再来读正文，会顺利很多。

5. 本书中出现的人名，许多没有标明身份，这是作者的一种习惯。为了避免造成阅读障碍，图书附《出场人物表》，按音序排列，相信你很快就能查到。

最后，祝读者朋友阅读愉快。

浙江古籍出版社

出场人物表

陈明辉：浙江省文物考古研究所研究员
陈水华：鸟类学家、浙江省博物馆馆长
邓　聪：山东大学文化遗产研究院特聘教授
丁　品：浙江省文物考古研究所研究员
方向明：浙江省文物考古研究所研究员
拱玉书：北京大学外国语学院西亚系教授
蒋卫东：良渚遗址管理区管委会副主任
李水城：北京大学考古文博学院教授
李新伟：中国社会科学院考古研究所研究员
刘　斌：浙江大学艺术与考古学院教授
毛昭晰：全国著名文化遗产保护者
牟永抗：浙江省文物考古研究所研究员
秦　岭：北京大学考古文博学院副教授
苏秉琦：考古学家、中国考古学的主要奠基人
王海明：浙江省文物考古研究所研究员
王明达：浙江省文物考古研究所研究员
王宁远：浙江省文物考古研究所研究员
吴汝祚：中国社会科学院考古研究所研究员
徐天进：北京大学考古文博学院教授
严文明：北京大学考古文博学院教授
杨　楠：中央民族大学历史文化学院教授
杨鸿勋：建筑考古学家，中国建筑考古学奠基人
张忠培：考古学家、原故宫博物院院长
赵　辉：北京大学考古文博学院教授
赵　晔：浙江省文物考古研究所研究员

目　录

CONTENTS

检索表

INDEX

- 良渚时代
- 崧泽文化
- 凌家滩遗址
- 良渚古城遗址
- 良渚文化
- 龙山文化
- 良渚文明
- 好川文化

壹 LIANGZHU DICTIONARY ONE

良渚时代

| 持续了 1000 年的文明 |

良渚文化距今 5300 年 ~ 4300 年，持续了 1000 年。这 1000 年，就是良渚时代。

1000 年不仅是一个数字。“申遗”的时候讲，良渚古城遗址包括了古城、谷口高坝、平原低坝和山前长堤，还有一个瑶山遗址区。这样描述的时候，1000 年被拉成了一条直线，压缩成了一个平面，普通人对这 1000 年里到底发生了什么，不清楚，眼前只有一张地图。

良渚文明的形成和发展，不是一蹴而就的。这 1000 年里，社会发展到底怎么样，最简单的，有几代人，几代王，这些才是考古学家更在意的问题。

我们可以把这 1000 年分为三个阶段：早期、中期和晚期。

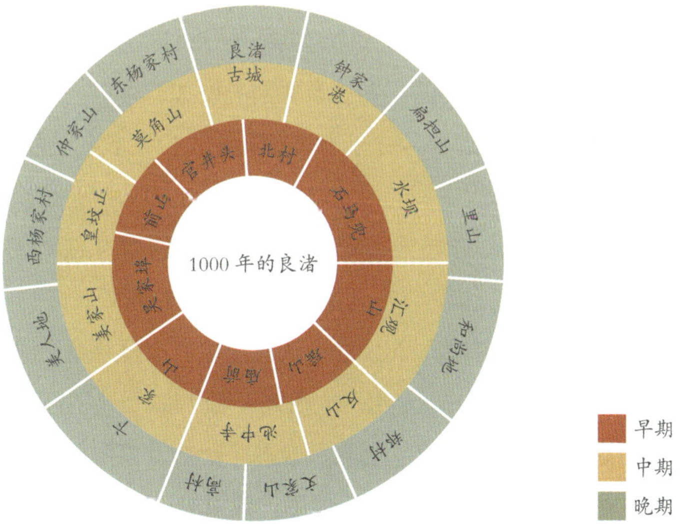

良渚人是“外地人”，良渚古城是一个“移民城市”，类似新加坡、深圳。5300 年前，良渚王国的“紫禁城”——良渚古城还没有建，各路精英已汇聚到此，准备画一幅蓝图。比如其中一支，长江以北安徽凌家滩的精英们，掌握了高超的用玉技术，从巢湖之滨长途迁徙，来到了这片山林环绕之地。

距今 5300 年前后，也就是第一阶段，没有水坝，没有莫角山（宫殿），也没有古城，但人们生活的半径却非常大，比如吴家埠（035,055）∞吴家埠、瑶山∞瑶山、庙前、石马兜、官井头等出土了重要玉器的早期贵族墓葬和早期居住区，还有最新发现的北村遗址（256）∞北村，出土了随葬透雕冠状器、龙首纹镯、玉蝉的高等级墓葬。这说明良渚文化从一开始，不同等级的集群就已经集中到良渚遗址群的四周，以瑶山为最高等级，以东部临平遗址群为界，他们是良渚古城的开拓者和创建者。

创建者这个定义怎么解读？比如，有些人觉得玉琮是从圆到方发展的。并不是。作为同龄人的这波精英——瑶山 9 号墓的墓主人，我们称呼他良渚“最初的王”。看看他的镯式琮就知道了。他还有一件装配玉钺杖的小琮。小琮，也叫琮式管，出土位置多在玉管集中的地方，有的正位于串饰的中间。考古学家认为这是神人兽面纹和琮结构在玉管上的体现，所以命名为“琮式管”，它上面的简约刻纹，如果放大看，和良渚晚期的琮一模一样，也符合上大下小的原则。

因此，“基本款”的设计，从良渚社会拉开序幕之时，就已经打好了模板。还有官井头（土豪大姐大）刻纹琮、玉架山 M200（cosplay 冠军）玉匕和玉箸食具、北村（全球唯一六龙首镯拥有者）雕琢大眼和神羽纹的玉蝉等，说明后来良渚古城和水利系统的建设，是有规划、有组织的复杂社会组织和政权的行为。王宁远有一个比喻：北村、瑶山、官井头之于良渚古城，仿佛开国大典前的西柏坡和香山。

而到了第二阶段，距今5000年~4800年，才有了我们所说的“世界第一坝”、莫角山土台以及反山王陵。也就是说，大约距今5000年前后，中心的宫殿区和外围水利系统差不多同时建造起来了。宫殿区主要包括莫角山土台及其南侧的池中寺粮仓、皇坟山台地。人（089）
们开始优化自己的生活环境，防洪建坝，这个国家决定在此安身立命。

良渚是一个很特殊的聚落社会，每一个遗址都只存续了很短一段时间，不是延续使用的。所以，当有了中期这些遗址的时候，最初的

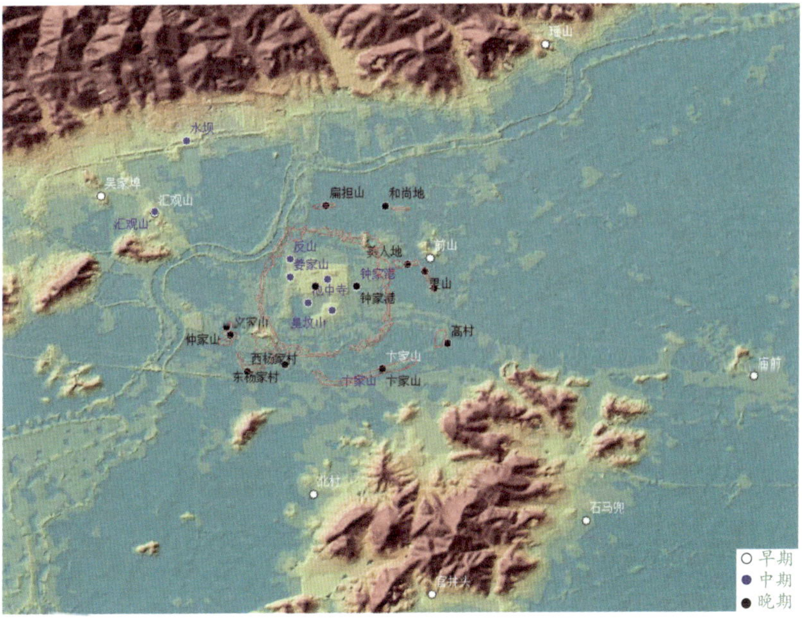

良渚人在这里生存壮大　张依欣绘

瑶山已经不用了，官井头也不用了，北村也不用了，这些早期的聚集点都不用了。到了第三阶段，距今 4800 年 ~ 4600 年，才有了今天所说的良渚古城的城墙，以及后来古城的建设。所以，古城实际建得很晚。

秦岭在一次题为“良渚发生了什么”的讲座里说，如果放在一张地图上，你就可以直观地看到，良渚先行者来到此地，在适合的范围中寻找了很多地点，各自都有对于何为高等级的表达，有很多高等级墓地。当然，目前已知瑶山仍然是最高等级的，然后，先行者们慢慢有了规划，最终越来越走向一个向心的自己，要确立自己的一个边界，一个政治中心，这就是我们理解的良渚古城遗址。这个形成的过程其实一直在持续，哪怕到了最晚的钱山漾时代，也没有中断，只是我们看不到更高等级玉器的生产和消费了，但是人口规模还是有的。如果有一个上帝视角，我们就可以看到这样一个 1000 年非静态的过程。

我们能做五年规划，良渚早期先民来到此地，会有“千年大计”吗？我们或许不应该简单拿今天的视角去理解远古的社会。很多人会误解，认为良渚遗址群的繁荣发达，只存在于良渚文化的中期阶段，到了晚期就衰落了，或者中心地位转移到别的地区了。但是，庙前、文家山、石前圩、塘山等遗址的上层堆积和墓地、琢玉作坊等一系列的发现和发掘，都证实良渚文化晚期阶段在良渚遗址群内仍分布众多遗址，遗址群在晚期并没有明显的衰落，仍是良渚文化的中心聚落之一。

我们谈良渚时代，谈 5000 年，谈良渚存在的这 1000 年过程中的变化，势必要了解开始和结束。比如，方向明觉得“前良渚时代”的探究还远远不够，还需要往前追溯，视野才会更开阔，追到太湖的北头，追到宁镇，在大的时空背景下，跳出良渚看良渚。

崧泽文化

| 良渚之前还有谁 |

我们讲良渚文化，一定会提到一个关键词：环太湖流域。它位于长江三角洲的江南地区，以太湖为中心，北抵长江，南至杭州湾及钱塘江，包括今上海市、江苏省东南部和浙江省北部。这一区域地势低平、水网密布，孕育了环太湖流域的史前文明。

环太湖地区并不是只有良渚文化，它的家族——专业术语是“文化发展序列”是这样的：马家浜文化—崧泽文化—良渚文化—钱山漾文化—广富林文化。

他们和良渚文化有血缘关系，但是大家的文化面貌差异很大。好比“爷爷”马家浜人年轻时穿的衣服，跟“我”良渚人现在穿的衣服，一看就是两个年代，但我们还是一脉的，一家人。我们“五代人”共同构成了浙北地区新石器时代考古学文化谱系。

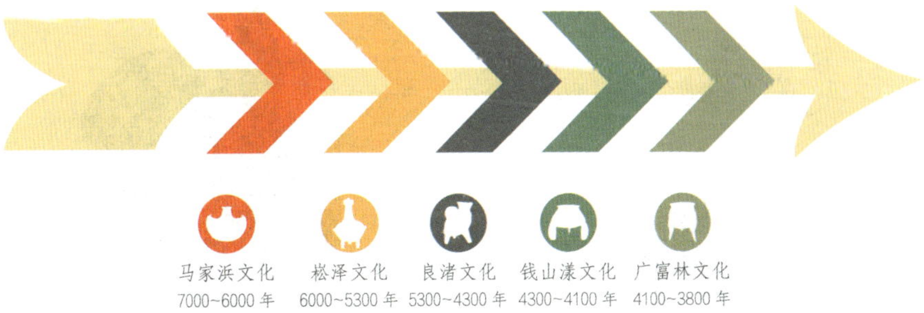

环太湖地区的史前文脉

而在浙南地区，又构建起了从上山文化、跨湖桥文化、河姆渡文化以及“后河姆渡文化”（或名山后文化，相当于良渚文化）、好川文化等新石器时代考古学文化谱系。

距今 6000 年 ~ 5300 年的崧泽人，等于良渚人的“妈”。作为太湖流域新石器时代两种无缝衔接的文化，前后 1000 多年，母子的品位也相差有点大。崧泽文化是新石器时代母系社会向父系社会的过渡阶段，那短短的 600 多年，是女人当家作主最后的荣光；另一方面，崧泽文化比之良渚文化表现出了更强的创造力，而良渚文化则相对平稳保守。

我们先说陶器。

从造型上来说，崧泽人可以把一件平平无奇的一水器，做成鸟形，粗短的脖子，嘴巴微张，表情呆萌。虽说这是水器，但装的不一定是白开水，因为有些盉上面还有滤孔，说明倒水时要过滤。而良渚人做的喝水的壶，明显太简单了些。

崧泽文化鸟形盉

良渚文化宽把壶

再比纹样。

已经做成“鸟”了，还不够，再给它穿一件复古粗棒针纹样的“衣服”，这可是一笔一笔刻出来的。当时的竹编，也编成这个样子。一把塔形壶的脖子，还要费尽心思搞成镂空的。而同样是壶，良渚人做得笨头笨脑，中规中矩。难道一进父系社会，都粗放了？

这种镂空的风格，到了良渚时期其实已经不太有了。良渚文化早期，陶器的编织纹也消失了，用赵辉的话说，那些写实或写意的造型陶器也形迹全无，“崧泽风格”不复存在。不过，陶器制作的精良程度不断提升，素面的黑陶成为时尚代表。黑陶 (225)

崧泽文化塔式壶

良渚文化带盖双鼻壶

看来，只能比玉器了——也是传承的。

良渚文化将崧泽时期的尚玉风气推到了高峰。迄今为止，良渚文化正式考古发掘的玉器数量已经远超崧泽文化，良渚全盘接受了崧泽(190,192)的线切割、管钻、锥钻等攻玉技术 线切割 片切割。良渚早期平面玉器那么多镂空，冠状器、璜等都是。除了镂空，良渚人还有更高级的减地浮雕和微雕啊。良渚玉器和以素面为主的崧泽玉器不同，普遍刻饰出纹饰。

如果翻翻这几十年良渚遗址的考古成果，会发现大量的重量级玉器，都是男人在用。比如钺、琮、三叉形器。就算是墓地数量，女人的也不多，10 座墓葬，女人可能只占 3 座。

而崧泽人的玉器，最重量级的是璜，这是女性首领身份的象征，挂在脖子上。虽然有的地方，男人和女人都会用璜，但崧泽文化的大部分遗址，经过人骨鉴定之后，发现多数是女人。而到了良渚，璜越来越少，女性的地位越来越低。

又如崧泽女人戴的玉玦，就是耳环，还有更早的马家浜女人，距今七八千年，就在用玦了，崧泽继续在用，但到了良渚，基本就不戴了。

凌家滩遗址

| 良渚人从哪来 |

良渚人并不是土生土长的“本地人”。很多人都会问，良渚人从哪儿来？

凌家滩遗址，位于安徽省含山县铜闸镇西南约 10 千米的长岗行政村凌家滩自然村。这是分布在巢湖流域的一个新石器晚期大型高等级聚落，最发达的年代距今 5500 年 ~ 5300 年，比良渚文化（距今 5300 年 ~ 4300 年）早。也就是说，凌家滩文化衰败，良渚文化在环太湖地区崛起，无缝交接，良渚人接上了时代的脉络。

1985 年，凌家滩村的农民在岗地上挖坟时发现玉器、石器等共 51 件。1987 年 6 月，安徽省文物考古研究所进行了第一次发掘，面积仅 50 平方米，发现新石器时代墓葬 4 座，出土了玉人、玉龟、玉版等 129 件重磅玉器。

20 年间，5 次发掘，凌家滩遗址一共出土陶、石、玉器 2000 多件，其中光是玉器、边角料和玉料等（含墓葬和其他地层单位出土）就达

凌家滩文化玉鹰

凌家滩文化玉龙

到了 1100 多件，石器有 500 件左右。

2007 年的第五次发掘，发现新石器时代墓葬 4 座，灰坑 3 座。其中 23 号墓在祭坛南侧并打破了祭坛，处于墓地的核心区域，是凌家滩遗址迄今发现规模最大、随葬品最丰富的墓葬，发现遗物 330 多件，其中玉石器就超 210 件。

良渚人接上时代脉络的表现，就是玉器。首先是外在——对玉料的认识和对治玉技术的掌握。

凌家滩治玉技术，已经是黑科技的代表——切割、琢磨、钻孔、抛光，全流程，一条龙。像实心钻、管钻这样的技术已经得到广泛使用。还要搞各种花样——掏膛、减地、阴线刻（八角星纹最典型）、镂空、

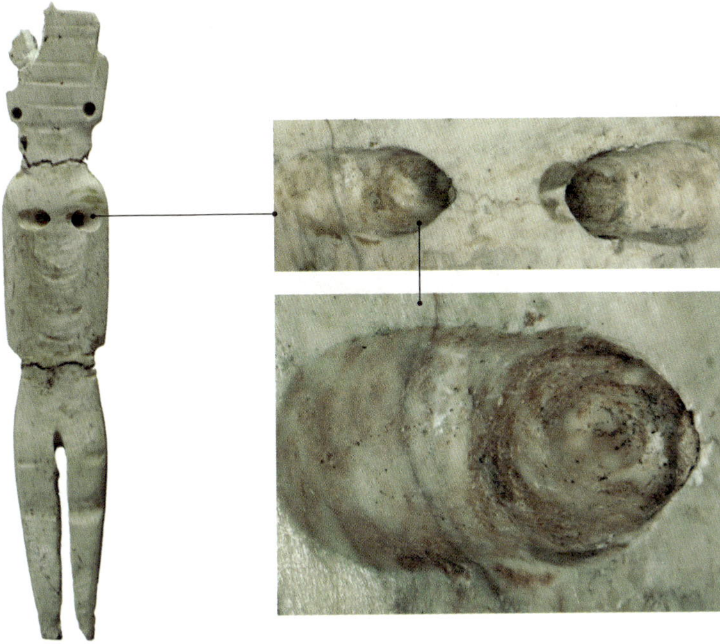

凌家滩文化玉人和背面的钻孔

浅浮雕等，体现了技术的多样化。

凌家滩人有点炫技，但生产的玉器反而更多是通过“形”来展示它的立体，而不是表现“纹”。器物平面的刻划纹饰并不多见，也没有后来良渚的复杂，走的还是简约路线。

比如钻孔，凌家滩玉器制造中一种高度发达的技术，使用普遍，还能钻出隧孔。典型案例：玉人背后经多次斜钻钻出隧孔的钻法，以及玉耳珰的薄胎加工技术。

所以，作为中国史前三大治玉中心之一，凌家滩玉器的“非遗”

凌家滩文化玉耳珰

传承不能断，传承人中，有良渚人——不过，并不是外在形态的传承，而是理念和技术。

除了地处太湖流域北缘邻近宁镇的张家港东山村遗址外，整个崧泽文化的玉器并不发达，而良渚人早在“建国”前——良渚早期
(001) 良渚时代 开始，玉器制造就达到了顶峰。以瑶山为代表的良渚文化早期各种玉器制作的黑科技，基本都可以在凌家滩找到影子。特别是凌家滩人刚刚摸索出来的阴刻、减地等复杂工艺，良渚人很“接翎子”（吴方言，心领神会的意思），get 到了精髓，重点研究和发展，

让这两种工艺在自家玉器身上达到了巅峰。可以说，良渚玉器体现的综合治玉技术和观念在同时期，独此一家。同时期其他新石器文化也各有自己的物质成就，但玉器上完全不能匹敌。

有一些学者认为，这可能与宁镇或凌家滩玉石器手工业的转移有关，也有学者认为凌家滩影响了良渚文化。

我们目前无法给出标准答案。但有一点可以肯定，凌家滩文化和良渚文化有关系，良渚文化早期的玉石器受到了凌家滩文化的影响。凌家滩文化的用玉传统和治玉技术，是良渚文化玉器手工业的源头之一。

文脉传承，只说外在技术，远远不够，精神才是内核。

凌家滩遗址出现了大型环壕、高等级墓地和祭坛等体现社会分层和权力分层的物质文化特征，墓葬中随葬玉石器是普遍现象，平均每墓 15.7 件，但差距很大。66 座墓里有 4 座墓玉器超过 90 件以上，但有 18 座墓 1 件玉器也没有。

2007 年发现的 23 号墓做完无损分析后显示，90% 以上都是软玉（闪玉），也就是我们所说的“真玉”，说明这个最高等级的社群不仅有识玉的能力。

显然，凌家滩人已经把玉石器作为一种身份等级的标志，这种观念深深影响了良渚人，良渚人不仅用玉器来标示社会权力，还由外而内，进一步发展，用更复杂的纹饰来承载他们的精神世界。

秦岭认为，良渚文化的兴起中，包括了凌家滩墓地背后的高等级社群和治玉集团的作用，巢湖地区先民追寻玉石资源的过程中，同环太湖地区本土崧泽文化先民合流形成了良渚文化。可以说，良渚文明出现前夜，凌家滩、东山村（崧泽文化的一个重要遗址）都从不同角度，通过墓葬差异性强烈地表现出了社会的分化和结构性，这或许对我们理解良渚文明的兴起有启示。

方向明画过一幅《精英的迁徙》。推想5000多年前，长江以北安徽凌家滩的精英们，从巢湖之滨走来，长途迁徙，来到了这片山地平原——长江下游环太湖流域的南部，距杭州市区西北20千米的地方，域跨良渚、瓶窑两镇。良渚人的故事开始了。

精英的迁徙　方向明绘

良渚古城遗址

| 良渚文化的权力和信仰中心 |

良渚古城遗址，是良渚文化列入《世界文化遗产名录》的名字，它在今天的杭州市余杭区，距中心市区约20千米，处于1000平方千米的

C形盆地中，往东面向杭嘉湖地区，是整个良渚文化的权力和信仰中心。

所谓三面环山——从良渚古城的选址来看，南北分别峙立着大遮山和大雄山两座天目山余脉，西部散布着汇观山、窑山、南山、栲栳山等一系列山丘，这三处山体都距离古城约2千米，向东则是敞开的平原。发源于天目山脉的东苕溪，自西南向东北流过，注入太湖。苕溪为良渚古城通往太湖，达于天下，提供了便捷的水路交通。

良渚古城遗址的保护区范围约14平方千米，根据遗迹功能和类型，大概分为三类。第一类是“城址”，包括中心的宫殿区、内城、外城和古水系；第二类是“外围水利系统”，包括谷口高坝、平原低坝和山前长堤；第三类是分等级墓地，包括最高等级反山、瑶山两处墓地，代表第二等级的姜家山墓地，代表第三等级的文家山墓地和位于外郭代表最低等级的卞家山墓地。

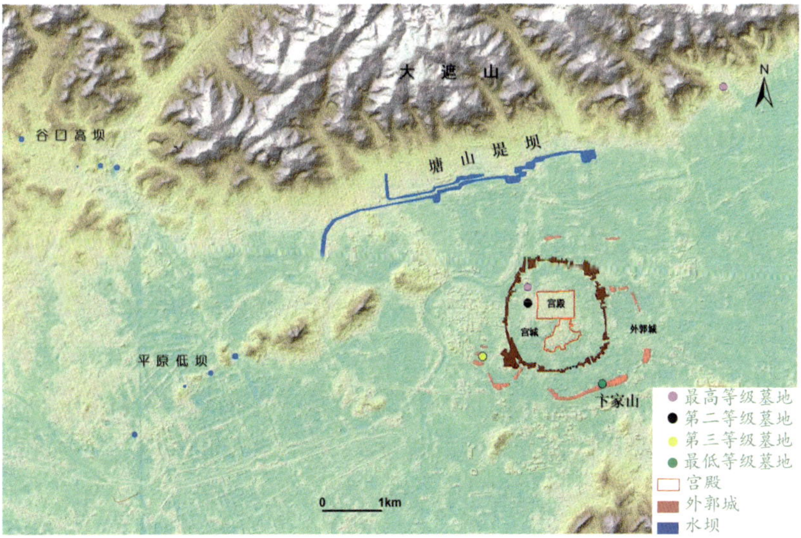

良渚古城保护区各类功能遗址 张依欣绘

良渚文化

| 距今 5300 年 ~ 4300 年 |

良渚文化是中国新石器晚期的一种考古学文化，距今 5300 年 ~ 4300 年，它分布在我国长江三角洲太湖平原地区，以发达的稻作农业为基础，有“三大件”琮、璧、钺等成组玉器，使用“标配”鼎、豆、罐、壶。

良渚到底分布范围有多大？良渚文化分为核心区和外围区，核心区自然是以杭州市余杭区良渚古城遗址为中心，面积约 3.65 万平方千米的环太湖地区。外围区，向北可扩展至江淮地区、宁镇地区，向南可达金衢盆地、宁绍地区，在舟山群岛上，我们都可以看到良渚文化。目前，全国已经发现良渚文化遗址 1000 多处，光是杭嘉湖地区就发现了 700 多处。

1959 年 12 月 26 日，星期六，夏鼐在日记里记了一件事。上午 8 点半到 12 点，他参加了一个名字很长的会议——长江流域规划办公室文物考古队队长会议，做了题为“长江流域考古问题”的发言。

“太湖沿岸和杭州湾的良渚文化，是受了龙山文化影响的一种晚
(017) 期文化。”龙山文化 虽然他当时仍认为良渚文化是受了龙山文化的影响，但“良渚文化”命名的正式提出，是这位浙江温州籍学者的发言，第一次给良渚以“名分”。

这个“第一次”是历史性的，但我们仍然有必要提一件事：前一年，1958 年八九月，北京大学师生编写《中国考古学》教材时，已单独命名了良渚文化，从龙山文化中划分出来。

龙山文化

| 距今 4300 年 ~ 3800 年 |

上个世纪二三十年代，中国考古学受西方考古学思潮的影响开始萌芽，中国第一代考古学家就开始致力于回答中华文明起源的问题。

1928 年初，齐鲁大学的助理教授吴金鼎（也是卫聚贤的同学）古荡（157），在调查平陵故城附近时发现了城子崖遗址——山东省章丘市龙山镇东的山城庄北面的长方形台地上，与龙山镇隔武源河相望。这个台地是附近多处台地中最大的一处，因台地顶上可见城垣遗迹，被当地人称为“城子崖”。

城子崖遗址 2018 年发掘区　钱欢青供图

1930 年代城子崖发掘图　钱欢青供图

1930 年至 1931 年，中央研究院历史语言研究所和山东古迹研究会在城子崖进行二次考古发掘。为什么要发掘城子崖？李济说得很清楚，就是要研究“中国文化的原始问题”“中国石器时代文化问题，已成为一有世界性的学术问题”。

城子崖遗址的发掘，是中国国家学术机构、考古学家首次对史前遗址进行考古发掘，独自发现、独立组织，采用一套科学的记录方法，带有明确学术目的进行的考古发掘。中国考古工作者独立发现命名了第一支史前考古学文化——龙山文化，发现了第一个史前时期城址，出版了中国考古学第一部田野考古报告《城子崖：山东历城县龙山镇之黑陶文化遗址》，史语所于 1934 年正式出版此报告。城子崖遗址是龙山文化的发现地和命名地，被称为“考古圣地”。

《城子崖》考古发掘报告

从“考古圣地”到后来的“文明圣地”，施昕更∞施昕更首先（165）受到了启发。

1936 年 11 月 3 日，施昕更在良渚附近的棋盘坟的一个池塘里，发现了几块黑陶片。他知道，山东龙山城子崖遗址的遗物出土状况也是如此，他认为良渚很可能与城子崖一样，是一个古文化遗址所在地。在意识到这一点以后，他的注意力就从石器转移到黑陶上来。

他向梁思永、董作宾等考古学家讨教，以《城子崖》为范本，开始出土黑陶与石器资料的室内整理和考古报告的编写。1938 年，《良渚：杭县第二区黑陶文化遗址初步报告》∞C形盆地出版，这是良渚（029）考古的开端，是浙江新石器考古的开端，也是中国考古学史上具有代表性和划时代意义的经典著作之一。

1939 年梁思永完成向第六次太平洋学术会议提交的论文《龙山文化——中国文明的史前期之一》，给予杭县良渚遗址以“杭州湾所发现的可利用的唯一资料”的高度评价，“杭州湾区”与“山东沿海区”“豫北区”共同作为龙山文化的三大区块。

因此，良渚遗址的发现一开始被归入龙山文化，认为晚于龙山文化。在相当长的时间里，虽然已经认识到了这一区域与山东龙山文化之间的不同，但还是受限于考古学年代和文化属性等的认识，这和当时中国考古学这门学科还在初创阶段有关。

1949—1979 年，浙江的考古工作，新石器时代考古自然是重点，尤其是马家浜文化、河姆渡文化。那时，浙江良渚文化考古还只是小角色，发现的也主要是小型墓葬，按《三十年来浙江文物考古工作》（1979 年出版）中的表述，良渚文化仅是“我国新石器时代末期一支发展程度较高的原始文化”。不过，对良渚文化的年代问题，基于嘉兴雀幕桥等遗址的碳 14 测年数据，认为良渚文化“不仅比山东典型龙山文化为早，它的上限还早于河南龙山文化，从而纠正了良渚文化一般要晚于龙山文化的说法”。

1959 年 12 月 26 日，夏鼐在长江流域规划办公室文物考古队队
(016) 长会议上，正式提出“良渚文化”的命名。∞良渚文化

2011 年，国家科技支撑计划项目“中华文明探源工程（二）——3500BC—1500BC 中国文明形成与早期发展阶段的考古学文化谱系年代研究”成果发布，对传统考古学文化谱系绝对年代框架进行了修正，其中明确了长江下游良渚文化结束的时间：不晚于公元前 2300 年。而龙山文化则为距今 4300 年 ~ 3800 年，垂暮的良渚似乎并没有看到龙山的诞生。

良渚文明

| 文明定义的新成果 |

很多人对良渚文化、良渚文明，这两个概念一直搞不太清楚，但人们其实又对“良渚文明”——文明模式，非常感兴趣。良渚文化为什么可以升级到良渚文明？

良渚申遗成功后第二年，我把这个“考古坑”排在第一位的问题抛给秦岭，她的回答清楚明了。

良渚文化是考古学文化的概念，最初柴尔德的定义是“一批总是反复共生的遗存类型——陶器、工具、装饰品、葬俗和居址形态”。中国学术语境下最有代表性的定义，比如严文明先生的“专指存在于一定时期、一定地域、具有一定特征的实物遗存的总和”，他同时也说考古学文化是有层次性的，包括分期分区分类型等等。对比仰韶、龙山文化这样内涵和定义相对宽泛且复杂的情况，再对比很多新发现、新命名，因此学界未有共识的情况（本地就有钱山漾 - 广富林、上山 - 小黄山、跨湖桥 - 井头山这样的例子），良渚文化可以说是一个时空范围和物质文化特征都非常明确的考古学文化，没啥争议之处。

良渚文明，是对这个时期古代社会发展状况的一个理论性认识，就是说学界认为良渚文化阶段环太湖地区的这个史前社会已经发展到可以称为“文明”的这样一种社会状况。

文明是有“门槛”的。早期文明的产生和发展不一定是线性或者持续有方向的。比如，我们不可能称上山文化为“上山文明”；同样良渚文化之后，我们也不可能继续说“钱山漾文明”或者“马桥文明”。这样讲是不是比较容易理解？

何以“文明”？这其中最主要的衡量标准就是社会的复杂化程度。而良渚文化的物质文化特征显示，从资源分配、经济分工、社会分化以及早期信仰体系的统一性等各方面综合考虑，这个阶段的社会复杂化程度都无疑可以称为“文明”。

如果一定要“量化”良渚社会达到文明的复杂化程度，给大家划八条重点。

根据“中华文明探源工程”总结，中国考古学家最新归纳出中华文明的八大特征：

1	史前农业取得显著进步
2	史前手工业取得显著进步
3	人口增加，并出现显著的人口集中的倾向
4	社会贫富、贵贱分化日益严重
5	形成了金字塔式的社会结构，出现了集军事指挥权、社会管理权和宗教祭祀权力于一身的王
6	在社会的基层，血缘关系仍然保留，人们聚族而居，聚族而葬，形成族邑
7	暴力与战争成为较为普遍的社会现象，规模逐渐扩大，军事指挥权成为王权形成的重要途径
8	形成了王权管理的区域性政体和服从于王的官僚管理机构

那么，这八条放在良渚身上怎么解读？

贫富贵贱分化悬殊的社会结构，已经分化为不同的阶级技术发达、分工精细的社会生产，高端手工业专业化；

总土方量达 1200 万立方米的大型工程，反映了王权对社会资源的控制调动能力；

对高端手工业（琢玉工艺技术）和稀缺资源（玉料）的垄断，高度一致的原始宗教信仰（玉琮和神徽），反映了存在一个宗教中心；

政治、经济、文化中心都邑的出现；

以王为核心，覆盖整个社会的控制网络（玉钺是礼制出现的指示器）；

形成了比较稳定的具有强制性公共权力的区域性政体——国家，良渚已经进入了文明社会阶段。

良渚文明是怎样一种文明？用世界遗产委员会的表述就可以——它是“一个新石器晚期以稻作农业为经济支撑、存在社会分化和统一信仰体系的早期区域性国家形态”。至于它的代表性，是这样说的：“通过大型土台建筑、城市规划、水利系统以及墓葬墓地差异所体现的社会等级制度，使该遗址成为早期城市文明的杰出范例（These ruins are an outstanding example of early urban civilization expressed in earthen monuments, urban planning, a water conservation system and a social hierarchy expressed in differentiated burials in cemeteries within the property）。”这就很清楚，是说明它的发展程度和区域特点了。

2019 年，良渚古城遗址被列入《世界文化遗产名录》，表明国际学界对其文明发展水平的认可。

好川文化

| 良渚人去哪儿了 |

良渚文化衰落后发生了什么？

良渚文化阶段，能看到周围不少文化中有良渚文化因素的影响，它们甚至能获得一些良渚文化的玉器。比如山东大汶口文化，闽赣浙一带的樊城堆、好川、牛鼻山等文化，还有广东的石峡文化。这些文化因素交流的背后，肯定有人群的流动。

秦岭说，良渚文化衰落后，这个地区的钱山漾文化和广富林文化中仍然可以看到一些良渚文化延续下来的因素，人口会有减少和增加的大节奏，但良渚社会和上层物质文化（玉器）的衰败，不代表人的彻底消失。所以不需要迁徙，良渚人也会继续繁衍发展，成为其他物质文化的实践者。目前，看不到有明确晚于良渚文化下限（距今4300年）但整体保留良渚物质特点的“飞地”，所以不确定是否存在有计划的迁徙。

我们来说说其中一个方向：好川。

1997年，浙江省文物考古研究所与遂昌县文物管理委员会，对位于遂昌县好川村岭头岗的好川墓地，进行了抢救性发掘，清理墓葬80座，灰坑3个。

好川人跟良渚人很亲密，它上接良渚文化，下接马桥文化。用考古领队王海明的话来说：它是良渚文化的“外甥”。好川与良渚文化晚期共存，下限要晚一些，并不是良渚之后就是好川，好川是浙西南、闽北、赣东的本土文化，但受到良渚玉文化的大影响。

好川人和良渚人究竟有什么关系？

有一位专家曾经这样发问：“逶迤绵延的仙霞岭，山间丘陵的岭头岗，好川。4300年前，良渚晚期，到底发生了什么？好川，原来的主人，是谁？那里，毗邻赣闽，他们有多大的地盘？”

良渚先民走到了历史进程的最后时刻，他们去了哪儿？好川，是重要的去向之一。

1997年4月，好川村岭头岗的一块地本是村里的茶园，当时茶叶不景气，村民想把茶园改成水田，已经做好水渠，在用推土机作业的时候，发现了不对劲，一推推出了好多陶片。

当时，从杭州到好川交通很不方便，刘斌和王海明坐了一夜的车才到。他们发现岗顶上有一大片墓地。

其中，有23座墓葬随葬着一种非常特殊的器物，共发现了26件，出土时仅见红色漆痕。但最重要的是，大家发现，它的表面大部分镶嵌或黏附着各种不同形态的几何形石片、几何形曲面玉片。

浙江省博物馆藏有嵌玉漆器（原件），它在良渚文化高等级的反山墓地、瑶山墓地、福泉山墓地中都有发现。而好川文化发现的镶嵌玉（石）饰片的漆器的整体形状，与良渚文化卞家山遗址出土的漆觚十分相似。

这还不是关键证据。最让专家兴奋的，是有“三个台阶”的小小玉片。

60号墓是好川墓葬群中最大的合葬墓，专家也发现了22片不同形状的平面、曲面玉片，其中，有特殊形态三台阶状玉片2片，就跟你的大拇指指甲盖差不多大。

好川60号墓出土玉片

如果你熟悉良渚文化应该知道，有一个标志性的刻划符号，经常会出现在良渚高等级的玉璧上——一只小鸟，站在三个台阶的祭坛上。

而这些指甲盖大小的玉片，恰恰是三重台阶状的（祭坛状），跟良渚刻符一模一样，这正是好川文化与良渚文化密切关系的重要实物
（307）证据。∞鸟立高台

好川的文化面貌，一看很独特，但我们能找到与良渚的联系，比如见鬶（guī，一种炊煮器）、豆（一种盛肉或其他食品的容器）很多，这在良渚晚期就开始有了，这是一脉相承的。

2001 年出版的《好川墓地》发掘报告，系统全面地公布了好川墓地 80 座墓葬的全部资料，在对全部考古资料进行分析梳理的基础上提出了“好川文化”的命名——以浙江遂昌好川遗址命名，并认为其相对年代为良渚文化晚期，距今 4300 年。

良渚文化、好川文化与周边多种文化的相互碰撞、交流、融合、

好川文化袋足鬶

好川文化陶豆

吸收，也许正是中国史前文化发展的一个典型特征。

好川文化既然出现在良渚文化的晚期，很多人都会把良渚文化的消失，跟好川人的出现联系在一起。

4000 多年前，良渚王国神秘消失。几乎同时，浙南山区的崇山峻岭中，一个叫好川的地方，赫然出现良渚人的足迹。它们之间发生了怎样的故事？王海明很感慨地写过一首诗，大意是：良渚人往哪里去，往深山大坳里去。

原来，我们对良渚文化的后续去向不是很明确，现在至少知道有一支，沿着钱塘江往好川方向走了。

1979 年，牟永抗在江山做古遗址古墓葬调查，对于山崖尾遗址的灰坑单元，他很明确地表示：这和良渚有关。2017—2018 年，江山山崖尾、仙居下汤、缙云陇东、温州屿儿山、福建浦城龙头山等遗址的先后发掘，表明台州灵江流域、闽浙赣交界的仙霞岭两侧都是好川文化的分布范围。

尤其是山崖尾遗址的发掘，发现了比好川文化更早的土著文化遗存，文化面貌前所未见，年代距今 5000 年，相当于良渚文化早期。它的发掘填补了好川文化绝对年代的空白。之前好川是没有测年的，山崖尾获取了较多的测年数据，好川文化的绝对年代距今约 4500~3900 年。

需要注意的是，浙南大量遗址的发掘都表明，良渚文化与这一地区的交流至迟在良渚文化早期就启动了。

027

贰 LIANGZHU DICTIONARY TWO

C 形盆地

良渚古城的地理位置

作为一国之都——良渚古城，也就是良渚文化核心区的娘家、“紫禁城”，居然偏居浙西山地与杭嘉湖平原交接处，一个面积达 1000 平方千米的 C 形盆地里，并不处于良渚文化分布区和环太湖流域的中心位置。

C 形盆地，却不在“C 位”，这种权力中心与地理中心的不对应，太特殊了。如果让现代人再选择一次，我们或许会往北，贴着北面的山建城，因为山间地势高。那么良渚人为什么还要耗费人力物力，在这样一片沼泽地筑造超大型宫殿，还要在此定居呢？

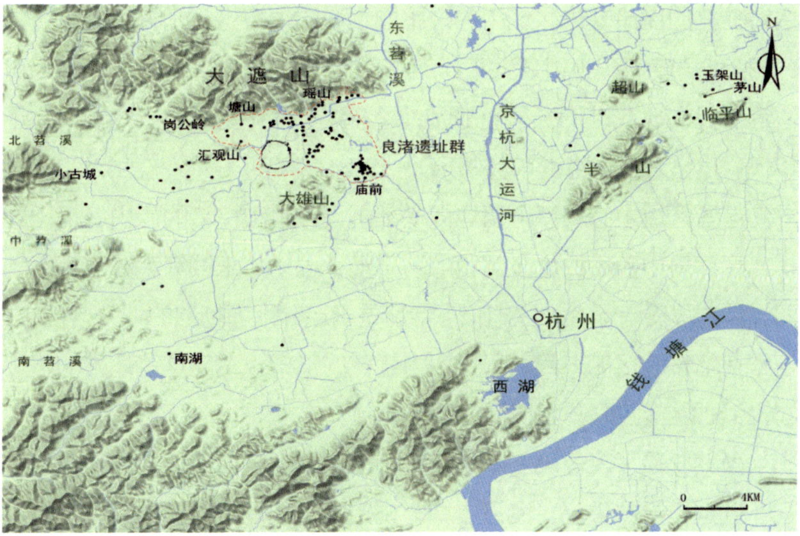

良城古城所在的 C 形盆地

显然，王对这里的地理位置、交通方不方便、生活资源能不能获取、洪水能不能防范等等因素，做了精心的勘察和评估——三面环山，可以作为古城的坚实护卫；发源于天目山脉的东苕溪，自西南向东北蜿蜒流过，最终向北注入太湖，水运便利。城址靠近天目山东端，可以利用玉、石、木材等山地资源并防治水患；面临广阔的河网平原，适于稻作农业。

区域中心

| 良渚文化的分布形态 |

良渚文化是广泛分布于太湖流域的考古学文化。除了良渚古城遗址，在浙北地区、上海青浦地区、江苏的苏州地区和常州地区，都有相对独立的良渚文化区域中心。比如上海的福泉山，江苏吴县（今属苏州）的草鞋山、昆山赵陵山、常州的寺墩，无锡邱承墩、江阴高城墩等。我们现在讲长三角包邮区，是经济一体化区域，上世纪七八十年代，良渚考古已经提前包邮了。

这些区域中心，每个墓地规模都不大，也跟良渚的反山、瑶山一样，贵族墓中随葬的也多为玉琮、玉璧、玉璜、玉钺等大量高等级玉器，样式跟良渚核心地区相似。特别是玉琮等上面刻划的神人兽面纹，也跟良渚核心区的一致，只是多为简化的形式。说明这些地方的贵族与良渚古城实践同一套信仰体系和礼制。

虽然发现了高等级墓葬和玉器，但这些地方无论从规模还是规格上，远远不及“中心”良渚古城，说明中心和地方存在的层级状的社会组织结构。

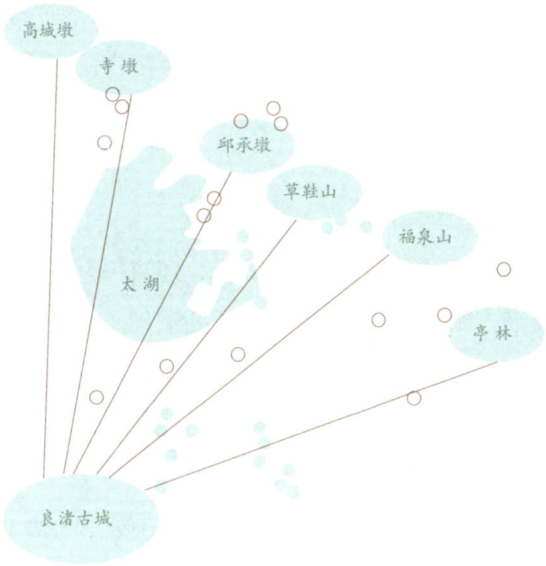

良渚文化在环太湖地区的主要势力

你可以把这些“地方”的首领当做诸侯，良渚王控制了政权中枢系统，直接控制高档奢侈品玉器的生产和使用，他想把资源赐给谁，谁就获得了权力。

日本学者中村慎一先生比较了各地出土的良渚文化玉器，尤其是作为权力象征的玉琮，它们绝大多是由居住在良渚古城的玉工们制作，由良渚的贵族集团派送、馈赠给各地方的。用这样的形式承认或分派给各地贵族的地方区域治权，以换取后者对“中央”的认同和拥戴，从而达到对各地方实行某种程度的管辖、控制。

严文明先生认为，他们很可能是秉承良渚最高统治者的意志治理各自所属的地区，好像后来的州县一样。因此，良渚应该是一个广域王权的国家。

良渚古城与这些次级中心的关系网络是单向、往外辐射的。高城墩、寺墩、福泉山等次级中心可以看到从良渚古城直接获得的高等级玉器等身份标志物，但是在古城中很少见到来自其他良渚文化遗址的物质文化影响。

他们也有不同于良渚的、本地区的特色。

比如上海福泉山墓地，除了玉器外，还随葬大量精美的黑陶器，并且不像良渚古城内的王墓，玉器数量质量都高度统一，福泉山的玉石器来源多样，这跟上海周围没有山、无法获得玉料有关。福泉山甚至有来自于山东大汶口文化的一些装饰品和陶器，表现出这个区域中心贵族可以获取不同渠道资源的社会权力。

所以，福泉山、寺墩等，是良渚这个大国家下一级类似省会城市的邑，还是与良渚并列，具有类似信仰的实力稍逊的独立小国？这是个很有意思的问题。严文明先生支持前一种观点。

总结一下，有两种观点：我们可以把寺墩、福泉山理解为是整个良渚王国中的次级中心，或者对等但相对较弱的区域中心。

平地掩埋

| 找到良渚的墓坑 |

20 世纪 70 年代之前，包邮区的田野考古工作中极少发现带墓坑的史前墓葬。70 年代末在浙北地区挖了一些遗址，发现不少良渚小墓有很浅的墓坑，不过也是由于器物露头了再铲光周围才发现墓坑范围的，而实际上，大多已经挖过头了，并不是墓葬原来的开口层位。

因此大家认为，良渚人的葬俗是“不挖墓坑、平地掩埋”。牟永抗和王明达始终对太湖流域流行了几十年的传统说法有怀疑。墓葬怎么可能是平地掩埋？但是，不通过实际操作找到证据，很难打破这一“定律”。

1978年春天，海宁徐步桥遗址发掘。两人天天围着太阳打转：为了辨认墓坑，正光、测光、逆光，太阳什么时候变换光线，他们就根据变换的光线找角度，盯着泥土观察，边找边用手铲剥剔。

牟永抗第一次完整发现并确认了良渚文化的墓坑——不是器物暴露出来后才找出墓坑，是还没露器物，先画出框线。1979年，平湖平丘墩也大都找到墓边（墓葬的边界）。1981年，余杭吴家埠遗址百分百找出了墓边。用专业术语讲，这就确定了“考古学单元”。

牟永抗和王明达把这些经验总结成了南方野外发掘的十字要诀：布方、认土、刮面、找边、摸片（摸陶片）。中国考古学首先在中原地区开始工作，南方的考古工作虽然施昕更先生在1936年就开始了，但没有找到一座墓葬。这里就有一个问题：考古学单元，它包括层位、灰坑、墓葬等。考古学单元的确定，是考古学的基础，但是七八十年代良渚墓都被认为是“平地掩埋”，说明它的“考古学单元”没有搞清楚。

1986年，反山发掘《操作细则》（考古发掘规程）中，王明达已（036）
经明确指出“墓室应是竖穴土坑墓”。杨楠跟王明达参加反山发掘，清理完汉墓之后，大家按王老师教的，用平头铲一遍又一遍地把地面铲得又平又光，发现了一片刚露头的灰褐色斑土，又在它的周边反复铲光，长方形的框框隐隐出现了，尖头手铲划出四边界线，这就是墓坑线。王明达说，只要能划出地面上很规则不同于周边土色的“闭合线”，墓葬、灰坑一类带坑遗迹的位置就算确定了。

发现14号墓的墓坑时，考古队特意留下墓坑线，拍了一张照片。这根线，在普通人看来，并不稀奇，在考古学家眼里——太漂亮了。这个土跟外面的土有什么区别？外面是墓坑线，里面是棺椁线。划出这两条线，是本事。

在反山发掘中，除M19被扰、仅剩部分墓底而无墓穴外，其余墓葬都成功清理出了宽、大、深的墓穴，保证了每一座墓都是独立完整的一个考古学单元。

反山14号墓的墓坑线

吴家埠

| 重启良渚考古第一站 |

吴家埠在瓶窑镇，离宫殿区莫角山只有 3 千米左右。它是一座小山丘，属于天目山余脉，作为良渚遗址群偏西的一处，没有反山、瑶山有名，却见证了很多重要的第一次。

1979 年，浙江省文物考古所成立，桐乡罗家角遗址开始发掘。成立之初，四个字：一无所有。没有房子，没有办公的地方，到处租房，搬了三次家。但是，我们有人——王明达在浙江省文物考古研究所成立 40 周年大会上说了另外四个字，全场鼓掌。

除了汪济英先生没过来，浙江省博物馆历史组 17 人来报到，加上吴志强为班长新招工的 9 位年轻人，组成了考古所最早的一批人员。

3 月初，余杭文管会的沈德祥背着一个“军挎”，跑到环城西路 20 号，上二楼办公室，牟永抗和王明达都在。打开挎包，报纸包着一件六节玉琮，他说，这是在吴家埠北湖建材厂一个大烟囱下面发现的。

王明达一惊，浙江从来没有过啊。这是浙江土地上第一次有具体出土地点的玉琮。

牟永抗做了一个决定，改变原来去调查的安排，马上进行试掘。

为什么如此敏锐？

1973 年冬天，北湖砖瓦厂就出土过玉琮、玉璧等。可惜考古人员忙于河姆渡遗址第一期发掘，仅将这批重要遗物入藏。

1981 年 3 月，吴家埠开始试掘和正式发掘。王明达是工地负责人——中国考古领队制度 1983 年才开始实行。

1981 年，其实是“重启良渚”的标志性年份，发掘良渚有了一支基本队伍。

1300多平方米，如此大规模，是良渚遗址群内第一次较大型的考古发掘，发现了马家浜、崧泽和良渚文化的堆积与墓葬，发现了20座良渚文化墓葬。尤其三、四层文化层属于马家浜文化，这在良渚遗址群里是首次发现，把良渚一带以及整个杭州地区新石器时代遗址的年代上溯到了6000年以前，也为马家浜划分类型提供了新的资料。

考古发掘规程

| 南方规范化考古的先行者 |

发掘吴家埠之前，省考古所已经有了河姆渡的“教训”（发掘不够细致），也有1978年牟先生在徐步桥和千金角的找墓坑经验，王明达觉得，要把他在科班学的发掘规程方法，用到实践中去，规范考古队员的田野发掘。

此时，大学考古专业的毕业生还没有分配来，考古所大部分人都没有经过正规考古训练，如何遵守操作规程？进入史前遗址，怎么去操作？

看这份手稿——《余杭吴家埠遗址考古发掘规程（细则）》，发掘前，王明达编制了一套发掘规程，后来又写了一个整理规程。

请注意时间：1981年。比1984年部颁（文化部）的《田野考古工作规程》（试行）提前了3年。在此之前，全国只有30多个有发掘资格的单位，浙江就是省考古所一家，全国开始实行领队制度是1983年，浙江省当时只有7个考古领队。而目前，全国也只有2000多个考古领队——现在名字改了，叫项目负责人。

1981 年，全国还没有地方考古所提出过这样一套规范。牟永抗在平湖平丘墩遗址和桐乡罗家角遗址发掘时，已经考虑到操作规范。为了保证发掘质量，在牟永抗的倡导下，王明达根据江南地区史前遗址的环境特点制订了一份针对性很强的吴家埠遗址发掘规程。

请再注意：江南地区。

开头他这样写：

鉴于我队各成员间田野发掘水平参差不一，为了探索和积累江南遗址发掘方法，提高我队的业务水平，以期发掘工作能达到一定科学质量，特制定本细则。

这套自主提出的发掘规程和后来的“国标”基本类似，良渚考古在那个年代，已经逐步进入到规范化和标准化的道路上。

在吴家埠的具体发掘过程中，王明达特别强调了几点规矩。

在清理掉挖掘出来的松土之后，接着铲平面的时候，人要退着走，避免脚印或铲下的松土留在铲光的层面上。不允许穿拖鞋、皮鞋、带钉的运动鞋下探方。刮面不能戴手套，否则拿手铲影响手感，不利于准确判断和清理遗迹现象。隔梁上不能随意放出土遗物，每天隔梁都要保持干净，每天收工前必须把探方打扫干净，探方内不能留下当天发掘的松土及遗物。为什么？怕民工在挑土时，把不该放在隔梁上面的遗物踢到别的探方里，造成遗物归属和层位关系的混乱。

看探方时不能坐着，不能光指挥民工，自己不干。工地上有小凳子，只能在绘图的时候坐，平时不准坐。有一次，有两位年轻队员拿了根扁担放隔梁上当凳子，头上戴着草帽，拿把扇子。王明达把扇子没收，又批评了一顿。两个人生气了，跑回杭州，回到所里，所长杨晨钟和室主任牟永抗发现了，连夜用单位的罗马尼亚吉普把他们送回了工地。

夜里9点多，在物探大队开会。领导说，王明达做得再不好，他在工地，你们有意见可以提，绝不可以擅自离开工地。

王明达很直：我的规范，就是不准坐。我自己是没有在探方里坐过一分钟的，对不对？

还有一条“规矩”，考古人，要能喝点酒。我认识的考古人，基本遵守。

良渚工作站

| 浙江第一个考古工作站 |

1981年，中国考古学会第三次年会在杭州召开。居无定“所”，这回，考古所是在杭州剧院租了大办公室。人可以挤挤，挖出来的东西不能挤。平湖平丘墩发掘了，桐乡罗家角也发掘了，东西放哪里？修复整理，要摊得开，需要大场地。还有技工的培养。当时，考古人手不够，要招收很多年轻的文保员和技工。他们都是初高中毕业的农家子弟，考古的各种技术，刮面、铲边、修复、绘图，都靠现场手把手教。他们按天拿补贴，没事情就回家，收入不稳定，留不住人，不利于培养。所以要给他们一个发掘之后可以集中生活工作的场所。

6000块钱，两亩地，租20年。省考古所终于有了第一个家，建立了第一个良渚工作站：吴家埠工作站。良渚开始了长期稳定的科学考古工作。这也是浙江省第一个考古工作站，存放自建所以来浙北地区从新石器时代到商周时期的文物标本。第一任站长：王明达；第二任：芮国耀；如今的站长，是陈明辉。吴家埠发掘之后，王明达带着考古队员开始了良渚遗址群的专题调查。

工作站小八卦一则。琮王重 6.5 千克，怎么来的？

在吴家埠，王明达每天要买菜，称肉。虽然有磅秤，但用来称煤饼了。还有一把杆秤，那天，王明达拿来称琮王，秤砣尽量放平——13 斤！

八角亭

| 良渚考古队的家 |

没有门牌号码，导航导到这里，语音提醒：你已进入一条无名路。我第一次去八角亭，就是这样。

2018 年 4 月的一个周末，刘斌和“家人”一起把家门口的一块牌子拆下。牌子上写：良渚遗址考古与保护中心。

2009 年，国家文物局和浙江省文物局授牌成立良渚遗址考古与保护中心，同年，良渚国家考古遗址公园成立，成为第一批 12 个国家遗址公园之一。不过，我们更习惯叫它另一个名字：八角亭良渚工作站，简称八角亭，良渚考古队的家。

2018 年 4 月 16 日，为了配合良渚古城申遗及良渚国家考古遗址公园建设，八角亭良渚工作站成了遗址公园的一部分，工作站搬迁至 1.5 千米之外的新家。

从家门口走出来，没几分钟，就是大莫角山遗址，良渚宫殿区。2008 年，刘斌带着王宁远以及三四个技工，从反山南边良渚遗址管理所内的临时住处，搬到了八角亭，继续对古城及周围进行考古发掘。

这里原来是大观山果园的职工宿舍，后来外迁，宿舍本来也要拆除，刘斌向良渚管委会提出，希望这个地方可以留下来给我们用，良渚古城考古是一项持续的系统项目，需要有一个稳定的工作场所。

考古人习惯的生活是这样的：除了主动发掘，更多的是配合城市基础建设而展开，高速公路修到哪里，铁路开到哪里，他们就跟到哪里，他们住在老百姓家里，等发掘结束，再换一个地方住。

刘斌的想法有些不同，或者说，出于考古人的敏锐，他隐约意识到，良渚古城，绝非那么简单，这里不是暂时过渡之所，他想给考古人打造一个家。

良渚管委会把果园的四幢房子留了下来，原来没有围墙，没有空调，这次重新装修。刘斌、王宁远、赵晔，三位研究员各住一屋，下面还留着一个房间，是客房。这里接待过很多国内外专家，《自然》杂志的一位美国记者，来工作站采访时也住在这里。搬家的最后一天，很多人说：真想来八角亭住一晚啊。

新中国成立前，这里有个一真寺，寺旁有个亭子，八角亭应该是亭子的名字。据说寺庙很小，后来拆掉了，但老百姓都知道那个地方叫八角亭。

这里和一般意义上的考古队有点不一样，一开始，刘斌就希望按照家的模式打造。他把大半家当都搬来了，冰箱、洗衣机、电视机，在院子里种花，买了家具，布了茶席。要喝茶，找刘斌。

一年 365 天，超过 300 天，刘斌都住在这里，其他考古队员在这里平均也要住 280 天左右。刘斌经常跟技工和考古队员讲：我们不是朝九晚五，下班就可以回到城市，我们的工作就是生活，考古界的老先生们有一句老话：考古是一种生活方式。你是现代人，又要研究古代，你一直生活在这种状态里，别人看来很艰苦，其实有很大的快乐。

这种生活方式是怎么样的？

走到另一幢矮楼，厨房，浴室，餐厅，客厅，会议室……王宁远说，我们永远都是圆桌吃饭的，我们没有快餐制，很多工作上的事情就是在饭桌上说的。我们一般不会开很正式的会，吃饭的时候，就把事情说掉了。

换句话说，可能在挟起阿姨最拿手的酸菜鱼时，历史就改变了。比如，王宁远和同事拿到了一份 1969 年美国拍摄的卫星影像资料，他连续几天闭关八角亭的房间里点击，有一次点错了位置，把焦点设置在了西南方向，放大一看，发现了低坝中的一条。低坝（072）还有两位 90 后考古人，是在八角亭恋爱的。2016 年，宋姝和姬翔先后来工作站报到，一个来自吉林，一个来自安徽，一个住楼上，一个住另一幢楼下。

2016 年年底，春节前一天，宋姝要坐早班飞机回老家，凌晨 4 点，

八角亭前留影

从八角亭坐车去机场。前一天晚上，她决定不睡觉了，在二楼角落的会议室呆着。姬翔也没睡，坐在会议室陪她聊天。走之前，他硬着头皮问了一句：我们在一起怎么样？你要不要回家考虑一下？

年后回来，宋姝在八角亭遇到他：要不然试试看？

搬家的最后一天，我遇到了陈全合和李红。老陈是技工，负责发掘，李红负责考古人的三餐。老陈是山东人，2005 年就来了良渚，在八角亭结婚，生了儿子，又在瓶窑买了房子。

2013 年，陈明辉到八角亭后，刘斌交给他的第一个任务：后勤。后来，他成了良渚工作站的站长。

刘斌说，八角亭对我们很重要。如果没有工作站，就不可能有十年来良渚考古团队的建设。大家在这里有一种共同工作生活的氛围，如果没有这样的氛围，这十年考古工作也不可能进展得这么快。

“今天就不回来吃饭了啊……”

八角亭的最后一天，王宁远走到院子门口。他想，今天家里是不会准备晚饭的。队员们也收拾东西，准备各自散去。

“你们都回来吃晚饭啊，菜买好了！”系着围裙从厨房走出来，李红像往常那样，喊他们回家吃饭。

考古所的年轻人开过一个微信公众号：永远的八角亭。虽然早已停更，但号还在。王宁远制作过一张数字高程模拟图，名为“良渚考古之路 1981—2018”。数字高程模型，是用来分析古城遗址地貌环境的。他在图上标注了八角亭的位置以及与古城的关系。在八角亭上，他打了几个关键词：发现外郭、水利系统、古城格局、“中华五千年文明史圣地”、申遗。告别前，他实景三维高精度采集了这个区域。八角亭，永远存在于虚拟三维空间里。

八角亭最后的影像

良渚遗址群

| 大遗址考古的理念 |

1985 年的 8 月，刘斌第一次来杭州。他从吉林大学考古专业毕业，是班上分到最南边的学生，此前，他从来没到过南方。

浙江省文物考古研究所 1984—1988 年的部门设置中，业务室为一室（古建文保）、二室（史前考古）、三室（历史考古）、四室（瓷窑址考古）。牟永抗是二室的室主任，成员有王明达、杨楠、芮国耀、刘斌，另在吴家埠工作站有董永昌、许志华、费国平、陈越南、陈欢乐五位文保员，文保员就是技工。吴家埠还有值班人员吴开基。

1986年，是良渚遗址发现50周年，计划下半年要在杭州召开一个50周年纪念学术研讨会。年初，浙江省文物考古研究所开始筹划。从谋划到实施，自然都落到史前室的5个人身上。

除了准备论文，大家一方面筹备发掘可能是良渚墓地的反山，另一方面整理70年代以来在浙北地区发现的80多座良渚文化小墓的资料，以便开会时请代表们参观。

（046）反山

老中青三代分头行动，王明达和杨楠在工地发掘，住在雉山村陈家弄，离工地只有600多米。牟永抗带着芮国耀和刘斌住在吴家埠，整理资料。他们约定，一旦发现良渚文化墓葬，整理工作立刻停止，一起发掘。吴家埠与反山相距3千米多，大家联系走动也方便。

1986年11月2日至5日，杭州。浙江省文化厅、文物出版社、浙江省文物考古研究所、浙江省博物馆、南京博物院、上海博物馆等八家单位举行了纪念良渚文化发现50周年学术研讨会。

这次会议提交了50多篇论文，但没有出版正式论文集，1987年12月，以余杭县政协文史资料委员会的名义，作为余杭文史资料第三辑刊印了《良渚文化》小册子，收录文章（摘要）24篇，附录良渚文化遗址分布图一幅。

王明达写了一篇《良渚遗址群概述》，首次提出“良渚遗址群”的概念。

施昕更在1938年出版的《良渚》报告里就已经列举了12个地点（注：安溪后湖村及瓶窑宋村实为2处，应共有13个地点），“范围是非常广袤而散漫的”。

1981年底到1982年初，王明达带了8个人对良渚遗址群进行了20多天的调查。从良渚，到良渚遗址群，并非只是简单的多了三个字。

看范围——东起塘栖，北至天目山余脉（余杭县与德清县交界的一带），西至彭公，南至勾庄三墩，几乎走遍了余杭县的西半边，重点地段是良渚、安溪（现已并入良渚街道），瓶窑、长命和北湖（现已并入瓶窑镇）五乡镇。1984 年的专题调查基本上也集中在上述五乡镇的区域内。

在仅仅三四十平方千米的范围内，居然集中了如此密集的古文化遗址，遗址之间有的相距只有两三千米，甚至有的就是隔壁邻居。他这样写道："遗址连片成串的特点，使我们考虑到了良渚文化阶段已经形成若干个部族的集聚区，反映了当时生产力的发展，人口的增长，生存空间的扩大，社会组织的改变等等。当然在良渚人生活的太湖流域，这样的集聚区不仅仅是一个……已知的遗址地点多达四五十处……但至少可以说包括北湖、长命、安溪、良渚四乡的良渚遗址群，确实是占有相当重要地位的部族聚居中心之一。"

1994 年，浙江省测绘部门做了地形测绘，实际面积为 33.8 平方千米，标定各类古遗址、遗存达 55 处。也就是说，良渚遗址群的范围为 33.8 平方千米，约占良渚文化分布区——太湖流域总面积 36500 平方千米的千分之一左右，但遗址分布却如此密集。反山、瑶山、莫角山超巨型中心址的确认以及汇观山、庙前、塘山、文家山等一系列重大考古新成果，并经多年反复考古调查，目前在良渚遗址群内发现的各类遗址已达 130 多处，充分证明了良渚遗址群在良渚文化中的重要地位，它是良渚文化最重要的中心。

大遗址概念，对现在的我们来说已经很熟悉，但在 30 多年是非常超前的观念。1992 年，国家文物局提出，良渚遗址虽然还不是国家级文物保护（"国保"）单位，但要按照"国保"的级别来对待。王明达记得，1992 年，时任国家文物局文物二处（分管考古）

处长孟宪民陪着张忠培首次来杭州，带来了这个超前定“国保”的消息，还有 10 万元的补贴。而当时，省考古所 50 人，全年加工资在内的总拨款才 11 万。孟宪民说，这是毛昭晰先生呼吁的成果。

反　山

良渚文化最高等级墓地

1986 年，良渚文化发现 50 周年，江苏已经拿出了草鞋山遗址，上海有青浦福泉山遗址，浙江，良渚文化的命名地，怎么没花头？

在上世纪 70 年代，牟永抗先生已经注意到良渚遗址群里出现了很多“熟土墩”，这显然是人工堆筑的土墩。

反山并不叫反山，只是属于余杭县长命乡雉山村的杂地。雉山村有陈家弄、沈家村、费家头等自然村，这三大姓的村民都是当地世代居住的原居民。反山地势较高，种竹、茶和山芋等。20 世纪 50 年代，反山的南边，有七户人家定居，叫“翻山组”——翻过山的一个组。为什么是组？人民公社的基层组织结构是这样的：公社—大队—中队—组。从雉山村来此处要翻过一座山，但这个“翻”字太难写，村里人普遍写成“反”。“反山”之名由此而来。

1986 年，余杭长命乡农机厂要转产，准备筹建长命制动材料厂，选中了反山周围的大片土地，准备在山上取土，并把厂区北围墙建在反山顶部北缘。文保员费国平发现了，马上向考古所报告。他就住在雉山村，对这里太熟悉了。1977 年参加河姆渡遗址发掘后，被考古所聘为合同工，1991 年进余杭县文物管理委员会。如果没有费国平的报告，建厂取土造成的后果将不堪设想，也就不会有反山的发掘了。

1986 年，纪念良渚文化发现 50 周年，与会代表参观反山

王明达、芮国耀和费国平去山上踏勘，发现了一些碎小的红烧土颗粒和炭粒，偶尔也能见到一些良渚文化的小陶片。他们判断的标准是“熟土”，发现“熟土”有时比捡到陶片更重要。王明达确认，反山不是自然形成的，而是良渚文化时期人工堆筑的熟土墩。

1986 年 5 月 8 日，浙江省文物考古研究所反山考古队进驻反山工地。5 月 9 日，反山正式开始发掘。5 月 6 号临出发，在杭州环城西路的办公室，书记、所长、副所长都来找王明达：阿达！你们要去反山挖 600 平方米钱不够的。

那年，全所 40 个编制，连工资在内 11 万。各考古室全年发掘经费 8000 块，二室在海宁三官墩遗址发掘花掉了 3000 多元，只剩下 4000 多元。再加上民工费每天一块八到两块一，挖 600 平方米显然不够。

1986 年秋季
反山发掘现场

大家“纠缠”了近 1 个小时——我的脾气你知道的，我站起来桌子一拍：挖不着，不用 4000 块；挖得着，钱就不用担心了。要出发了，要么你们把我领队换掉。王明达说。

大家确实心里没底。发掘工作持续了十多天，挖了 11 座砖室墓，良渚文化的墓葬影子也没见着，此处是否就是汉代墓地？

5 月 19 日晚上，王明达在工地给大家开会，鼓励大家要坚信原来的判断，强调接下去拆除墓砖后，发掘深度会达 120 厘米左右，每下挖 10 厘米，一定要把各探方的平面铲光，辨别土质土色，特别要注意寻找墓口，必须在领队确认没有迹象后再继续下挖。

5 月 28 日，汉墓的清理已经接近尾声。为了慎重起见，王明达决定停止使用小锄头翻土，改用锋利的大平铲，一遍一遍，把地面铲得又平又光。傍晚，随着日光的移动，他们在平整的地面上，仔细观察土质、土色的变化，终于在 3 号探方的中部，从大面积的灰黄土中辨认出一块灰褐色的斑土，也就是说，土坑的墓口，确认了，王明达清晰划出了长方形南北向的四边界线。

5 月 29 日下午，他决定改用小铲，每下挖 5 厘米，就平整一次。半天时间，像蚂蚁搬家，他和文保员陈越南两个人只挖深了 30 厘米。

又过了一天，已经下挖到 90 厘米了，没有看到任何遗物。是不是挖反了？如果挖反了，土再填回去也不能掩盖操作的失误。

5 月 31 日下午两点多钟，乌云翻滚，要下雨了。王明达和大家商量着，准备收工。他站在 1.6 米高的隔梁上安排，指挥大家把探方里的松土赶快挑走，盖上塑料薄膜。这时，一直在清理的技工陈越南，从深达 1.1 米的墓坑里爬了上来，他是绍兴人：“王老师，这个啥西？”

王明达一看，有红的，还有白点。他从 160 厘米高的隔梁上直接跳下，爬到墓坑里——这样一跳，其实是违反考古工作规程的，但当时，王明达实在是太激动了。

蹲在坑里，再次观察这块土，印痕上同样留下一些玉粒和漆皮。陈越南递给他一把小铲，他不敢用，在装土的竹簸箕上折下一段竹片，顺着土块的边缘小心地剔去一小块土，又露出朱红色的漆皮和很多小玉粒。这就是后来编号为余反 M12:1 的嵌玉漆杯。

他又用竹签子来来回回剥墓坑，看到了白花花的颜色，那是玉的鸡骨白。这是后来编号为 97 号的玉琮，这件三节玉琮，因为口高，刚好剥剔到它的射口。这也是良渚古城遗址范围内第一件经科学考古发掘的玉琮。

雨点开始落下了。他记下了墓穴的长宽深（露出器物的深度已达 120 厘米）后，墓穴用薄膜盖好，铺上一层泥土。晚上，他们冒雨回到住地，已经浑身湿透，但兴奋得很，王明达让人赶快去买几个菜来，“老酒有没有，有，拿一坛来，今晚好好喝”。他当时的原话：“我们这次发掘将要载入考古史册。”

反山器物提取：递玉器者王明达，清理者杨楠
摄影者新华社摄影记者吴元柳，绘图者刘斌

这就是震惊世界的反山 12 号墓，浙江省第一座良渚文化贵族大墓终于被发现了——出道即巅峰。

按照考古工作规程，确定了考古学单元之后，就给它们编号，作为出生证，原始记录，永不改变。因为反山一开始挖了 11 座东汉砖室墓，所以良渚第一座大墓编号为“余反 M12”。墓主人被认为是良渚文化早期的一位王，也就是最著名的那位拥有琮王的“王中王”。

6月2日，余杭仓前的章太炎故居修缮落成，毛昭晰请了上海文管会副主任方行、上海博物馆馆长马承源、上海博物馆副馆长黄宣佩等在那边开会。一听良渚有重大发现，毛昭晰直接带人赶到了工地。

阿达，你不要动哦。毛昭晰说。

什么不要动？王明达问。

挖出来不好动的。

为了确证所发现的墓葬是良渚文化大墓，牟永抗让王明达再剥剔一下坑内的填土，露出一些可以断定时代的器物。王明达把97号玉琮的上部剔出，玉琮的器型露了出来。"快叫牟永抗，快叫牟永抗，确定了！确定了！"王明达大嗓子一喊，大家围在墓坑边，除了玉琮外，周围又剔露出白花花的一大堆玉器。

毛昭晰马上去请示省领导。王明达日记：

6月10日，毛昭晰陪时任省文化厅厅长孙家贤来考古现场。6月27日，时任浙江省政府副省长李德葆等视察反山工地，以后又数次到吴家埠工作站观看反山等出土器物。

本来的补贴——给浙江小百花越剧团10万、浙江越剧团10万，李德葆拍板，浙越的10万给省考古所。

7月7日至10日，王明达在吴家埠工作站撰写完成《浙江余杭反山发现良渚文化重要墓地》（后刊登在《文物》1986年第10期）。10月4日全部墓葬清理完毕，10月10日全体考古人员撤离。

100天，王明达的体重从110斤降到了93斤。

反山墓地共清理出良渚文化时期墓葬共11座（M19和M21是这座土台中的残墓，属于良渚文化晚期，已遭破坏）。其中9座良渚文化早期高等级墓葬，南北两排，共出土1200多件（组）随葬品，其中玉器就有1100多件（组），占了九成，光种类就有三四十种。反山王陵有三个最——已知良渚文化遗址中出土玉器数量最多、品种最丰富、雕琢最精美的一处高等级墓地。还有一个最——反山 12 号墓是迄今发现良渚文化最高等级墓葬，如果以单件计算，随葬品数量多达 658 件，其中玉器以单件计共 647 件（不含玉粒和玉片）——几乎全是。

反山遗址的发现过程，至今依然是田野考古的经典。1986 年良渚文化发现 50 周年学术研讨会在杭州召开。11 月 3 日，全体与会代表参观考察反山，并在吴家埠工作站观看器物。11 月 5 日下午，严文明先生做了总结发言，题目：良渚文化研究的新阶段。他说，反山的发掘把良渚文化推上了考古学科的前沿。苏秉琦说，浙江史前文化有两朵花，一朵河姆渡，一朵良渚。

我们现在习惯把反山称为“王陵”，这个词，就是苏秉琦先生提的。有一次，王明达去苏先生的办公室聊天，给他看刚出的反山发掘简报。1988 年，《文物》第 1 期以最快的速度公布了反山、瑶山两地的考古简报。简报里，称“反山墓地”。墓地……墓地……苏先生的手搁在桌上，笃，笃，敲了两下——陵！他蹦出一个字。

墓地是墓，陵是王。王明达受到了很大的启发。反山墓葬地营建规模之大、随葬品之丰厚、玉器之多而精，还没有任何一处良渚文化墓葬超过它，这不是最高等级的贵族“王陵”吗？

反山贵族集团

| 反山墓地留下的谜团 |

王明达把反山王陵的 9 位主人统称为：反山贵族集团。反山王陵早期 9 个墓葬南北分两排，12 号墓的王中王自然是核心，那么，他

反山墓地　方向明绘

和其他几位墓主人，会是什么关系？

18 号和 15 号墓明显偏离了“轨道”，墓穴较浅，随葬品的数量、种类等都要逊于其他 7 座墓，但有资格入葬反山土台，也拥有琮、雕琢神人纹的冠状器等数十件玉器，应为等级较低的贵族，但他们是否跟王室关系更远？可能是臣僚？ 22 号和 23 号墓的主人是女性，会不会跟对面两位王有婚姻关系？还有和王中王同样有“王冠”的 4 位王族成员，又在良渚古城分管什么“部门”呢？

考古需要想象力。反山墓地并不是一个宗族或聚落能承建的，9位主人生前有密切的关系，又并非出自同一宗族，他们应该来自多个强盛的宗族。

悬空操作法

| 早期考古黑科技 |

2021 年 3 月，我去三星堆发掘现场的考古方舱采访，看到了很多黑科技，比如，考古队员站在可移动的桁架上，悬空在坑上工作。

在工地上一直趴着或者蹲着工作，就是考古人的日常，如果没有这些装置，他们或是趴在木板上，或者在铺着编织袋的木梯上操作。技术进步了，但考古原则是一样的。

1986 年反山发掘，由于墓穴较深，大多数墓的深度超过 1 米，葬具塌陷腐朽，而随葬品超过百件（套），几乎布满墓坑，在清理第一个墓——12 号墓时，脚根本没地方放，当时也没有黑科技，也不可能搬到实验室。大家很清楚，只有把野外清理搞清楚了，看懂“原状陈列”，才能认识良渚成组玉器的配伍关系等复杂的迹象。

头脑风暴，大家一起想出了“悬空操作法”。用两根长毛竹横架在墓口的两边（隔梁上），再用绳索吊下两段毛竹悬在墓坑上方，离随葬品 10 厘米左右，铺上木板，不碰到一件器物，木板一块块可以移动，人蹲在木板上，清理一段再移动一段。这样清理，人几乎是趴在木板上，时间一长，腰酸背痛，几乎都站不起来。

这张著名的反山发掘现场照片，说明了一切。五个人在竹竿“吊床”上讨论，坐者为牟永抗，右上至下为芮国耀、刘斌、杨楠，左下王明达。

发掘队全体同仁在反山现场讨论遗址现象

瑶　山

| 另一处王级墓地 |

1986年，考古大年。据《中国考古学大辞典》大事记，良渚反山遗址、四川广汉三星堆遗址这两个明星外，还有陕西西安老牛坡、未央宫官署刻字骨签5.7万枚、宝鸡凤翔秦景公大墓，内蒙古赤峰敖汉赵宝沟遗址、辽代陈国公主墓，江苏徐州北洞山西汉楚王墓，湖北荆门包山2号墓、黄梅塞墩遗址……

反山王陵的发现，良渚遗址群的提出，终于让停滞很久的浙江良渚考古和研究来到了转折点。但是因为反山遗址太有名了，当地的盗掘之风重新刮起。

瑶山遗址

瑶山，天目山余脉大遮山以南的坡地，南边是馒头山，距离良渚古城有 5 千米。1987 年，余杭安溪下溪湾村村民在“窑山”、余杭与德清交界的羊尾巴山盗掘，在“窑山”挖出了大量玉器。这里有很多叫“窑山”的地方，因为多烧造宋代韩瓶。怕产生混淆，考古队将“窑山”改为“瑶山”。

王明达回忆，瑶山盗掘实际上从 4 月 27 日开始，被盗掘最厉害的，就是后来我们都知道的 12 号墓，盗掘一空。5 月 1 日，由于来盗掘的人太多，最多时聚集了 100 多人，看见出东西了都挤上去抢。

下溪湾的老文保员姚今霆，是施昕更的小学同学（文笔很好，后来写了《施昕更小传》），他赶到安溪乡政府报告文化站站长颜云泉。颜云泉骑着自行车迅速赶到瑶山，后来按照他的说法，可能有点夸张——啊呀，总有上千个人挤在那里挖。他上去一看，哦，出玉器了！回去之后打电话给余杭县文管会的王云路，王云路又马上报告了县里和上级单位杭州市园林文物局。省考古所技工马竹山赶到环城西路的省考古所报告，王明达马上打电话给省公安厅二处管文物的李处长。

5月3日，省考古所、杭州市公安局坐了8辆车到了瑶山。大家从东边上山，山路弯弯曲曲，手脚并用才爬上去，一看，很多村民在盗掘。乡里用大喇叭开始现场广播，要求村民把挖到的玉器交上来。于是，考古队现场开会，边上有农民不断把挖到的器物交上来，放在铺了旧报纸的长条形凳子上。现场总共上缴了340多件文物，其中有6件玉琮。

5月3日，浙江省文物局局长毛昭晰和杭州市园林文物局的贾玉芳副局长、文物办的姚桂芳、张玉兰都来了。当天定下，由省考古所来做抢救性考古发掘工作，杭州市考古所和余杭县文管办派人参加。

没有地方住，王云路帮考古队联系了瑶山旁边的杭州市安康医院。那是杭州市公安局所属医院，主要关押收治那些涉及治安或刑事案件的精神病患者。开始几天，芮国耀、桑坚信、林金木三人临时借住在医院一间腾空的医务室。后来人多了，医院把一处暂时不用的病区院落清扫整理粉刷后给他们用。

瑶山的发掘速战速决，从5月7日到6月4日，差不多一个月，在遗址顶部揭露一座形态规整的良渚时期祭坛遗址，总共清理了11座良渚文化墓葬，编号为余瑶M1—M11。墓葬集中在祭坛遗迹的南半部，东西向排列，分为南北两行。瑶山遗址被盗掘后，余杭文物管理部门收缴的遗物共 344 件，据称都出土于 M7 与 M2 之间。发掘时，考古队也在这里清理出了残存的墓坑。所以将它作为一组墓葬遗物，编号为 M12。

1987 年是瑶山的第一次发掘，1996 年—1998 年、2017 年又进行了多次发掘，共发现 13 座良渚文化高等级贵族墓葬。尤其是 1997 年，在 M5 与 M11 之间发现了一座良渚文化墓葬，编号 14 号，这也是 1987 年发掘漏掉的一座，弥补了当时的缺憾。

瑶山墓葬的主体年代为良渚早期阶段，也就是距今 5300 年或稍晚。这是目前已知良渚遗址群内年代最早、规格最高的良渚墓地，也堪称王陵。随葬品有玉器、陶器、石器等 754 件（组），以单件计共 2660 件。其中玉器又占了 90% 以上，共出土 678 件（组），以单件

考古队员在瑶山 4 号墓起取文物

计共 2582 件。玉器的种类包括冠状器、带盖柱形器、三叉形器、成组锥形器、钺、琮、小琮、璜、圆牌、镯形器、牌饰、带钩、纺轮等。但很奇怪，没有发现良渚文化玉器的“三大件”之一——璧。玉璧（216）

考古队员在瑶山 7 号墓用竹签剥剔玉器

祭 坛

| 可能也是观象台 |

1987 年，考古队在瑶山的一片红土中发现了一座祭坛和墓葬复合遗址。这一基岩风化而成的自然红色，正适合作为一处举行重要仪式的庄严场所。

瑶山遗址

我们如今依然能看到高台顶部为修整山体而垒石包边的拐角，整齐，结实。高台以下尤其是西部和南部，也有多道为了加固堆土和框定范围的石坎堆砌。最西部的石坎与高台顶部面高差达 5 米，最南部的石坎与高台顶部面高差约 3 米，整体呈漫坡状。

高台顶部有一个耐人寻味的“回”字形灰土方框，也就是“祭坛”，而这些灰土，是从山外有意搬运来的。红土正好位于方框中心，方框外的山体用黄土加以修正，三重土色分明，转角方正，布局规整，显然经过精心设计。

高上加高的设计，显然是有意识的。建坛的地点选择在山顶，如果仅仅是为了避潮防湿，不需要在山顶上再建土坛。此地，应该有通向上天之意。考古学家认为，这类土坛，是以祭天礼地为主要用途的祭坛。

瑶山祭坛垒石包边的拐角　阮锡芬摄

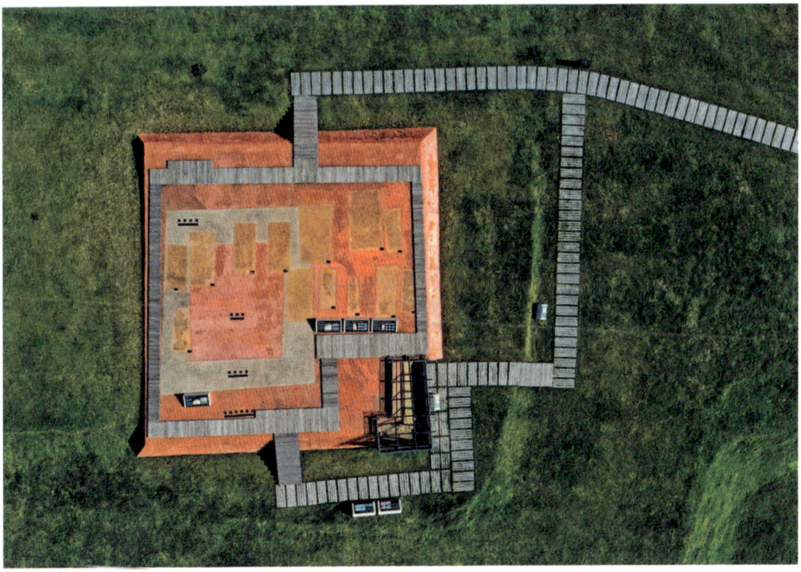

瑶山祭坛复原图

瑶山没有那么简单。在这座祭坛废弃之后，或者这座祭坛就是专门配合高等级墓地而设，反正，这里变成了专门埋葬高级贵族的又一王的墓地，发现了 13 座良渚文化高等级贵族大墓，南北两行，规范严谨的葬仪系统已经呈现出鲜明的等级制度和观念信仰。

瑶山遗址营建示意图　方向明绘

在C位，人们发现了王的女人——良渚王后的墓葬，瑶山11号墓。

 （260）

关于墓葬与祭坛的关系，有一种观点认为两者是复合的，即建立祭坛既是为了祭祀，同时也是为了埋墓，这些埋葬在祭坛上的墓主人，同时也是被祭祀的对象。从祭坛和墓葬的迹象分析，刘斌认为祭坛本是一种专门的祭祀场所，当祭坛原初设计的使用功能被废弃以后，才被作为一块圣地，而成为巫师和首领们的墓地，并且在作为墓地之前，还应该有一次覆土加高的过程。既然祭坛原初另有实际的功用，那又是用来做怎样的祭祀的呢？

刘斌在这里进行了两年的实地观测，发现冬至、夏至日时，日出日落的方位与祭坛的四角所指方位具有惊人的一致性。如果将灰土框移位，则会因为山脉的遮挡而无法在同样的角度观测到日出日落。

这是一个史前的观象台。良渚人在这里进行庄严的仪式，也观测天象。良渚文明的农业成就，也与早期良渚人的历法实践息息相关。

反山有没有祭坛？王明达说，有。但这是一个失误，要承认，要检讨。反山土台顶面有一处遗迹，1986年由于发掘中的失误而被挖去。整个遗迹主要呈暗红色，祭坛的南缘被M22、M23的北端所打破。土很杂，比别的土要坚硬，当时画出线后，牟永抗说：这是“汉武帝”！

失误发生在6月份，将它作为大墓而分别在T4和T6下挖，后来，因为剔不出墓壁，只能停止，没有墓号，取消继续发掘。9月打掉隔梁确认22号墓、23号墓时才认识到挖错了，这两个墓是打破祭坛的，跟瑶山祭坛的结构是相似的，但当作墓来清理了。王明达说，这是一件非常遗憾的事，但错误要承认，引以为戒。现在把这类土台看作“祭坛”，这挖掉的暗红色硬面就是整个祭坛的中心遗迹，是祭坛的有机组成部分，可惜当时的现场未正式记录。

塘 山

| 良渚水利系统 |

良渚外围水利系统，分为三个部分：塘山长堤、低坝系统、高坝系统。很多人印象里，发现水坝应该是近 10 年里的事情，2016 年，我也在老虎岭水坝现场见证了它“官宣”的高光时刻。但实际上，它经历了两代考古人近 30 年的漫长历程。

良渚水利系统的发现和研究，其实是从一个叫“塘山”的地方开始的——一开始，它不叫塘山，而是一个毫无存在感的名字：土垣。

1981 年，吴家埠遗址发掘之后，浙江省文物考古所在遗址现场建立了工作站。吴家埠在瓶窑镇西侧，处在大遮山南麓延伸的一个孤丘西坡。一条土路向北翻过孤丘，下经一片池塘低地，沿着山上行五六百米，有个湖北坞水库。

1987 年夏天，王明达路过此地，发现了苗头。

孤丘北侧连续的池塘南部，有一东西向的长垄，绵延很长，形态规范。当时没有任何科技手段，连地图都不太有，他从土路的断面观察，认为属于人工营建。

但是，这片土垄连一块陶片都看不见，没有什么说服力，没有得到更多的关注。因为整体结构、时代无法判断，便先用了一个描述性的名称“土垣”来命名，没有进行发掘。但是，1995 年，良渚遗址首次划定 33.4 平方千米的保护范围，尽管土垣的性状不明，却包含了。

王宁远这两年忽然意识到，王明达基于学术的角度，在 1986 年首先提出“良渚遗址群”的概念，本质上把包含 50 多个遗址点的区域，当成一个遗址看待，极具前瞻性，这客观上成为后来保护范围划定、实现良渚遗址整体保护的理论基础。如果不是这种整体性认识，即使是 135 个遗址点都点状保护，良渚遗址群一定不是现在的样子。国内大遗址的理念在上世纪 90 年代中后期才逐步出现，浙江考古人走在了前面。

回到故事。1996 年，良渚遗址群被国务院列入第四批全国重点文物保护单位名单。为深入了解遗址分布，确立重点保护地段，浙江省文物考古研究所展开了新一轮考古工作。

1995 年，罗村附近修路，在“土垣”断面上发现了良渚时期的碎陶片，那么，遗址的年代判断就成为工作目标之一。土垣的最初性质，有两种认识，王明达首次提出了拦洪水坝的观点，蒋卫东认为可能是良渚遗址群的城墙。因为反山、瑶山、莫角山都发现了。为了确认拦洪坝，大家分头行动。

1996 年 12 月—1997 年 1 月，由王明达领队，在土垣的金村和西中村毛儿弄进行三次试掘。丁品先在毛儿弄村道断面东侧的土垣南坡进行试掘，发现它由人工逐层堆筑而成，但未见包含物。赵晔接龙，在道路西侧的土垣北坡进行试掘，发现底部有块石铺底的现象。

金村段所在的东西向土垣，有人叫它“塘山前”，它的南部，当地人称“羊后棋”。方向明在这儿试掘。

12 月 17 日，先在土墩南部的水稻田布 2 米 ×5 米南北向探沟 T1，第 2 层为良渚文化层，陶片碎，与生土的结构、色泽基本一致。

【方向明日记】

12 月 20 日，T1 结束，为了与土墩地层衔接对照，决定先清理土墩南部断面，那里灌木丛生，我亲自动用山锄，在高出水田约 70 厘米发现异样石块，可惜被我挖破了一点点，在水田里清洗后大喜过望，原来真是玉料！连忙拍摄场景。收工时天色已晚，费国平和我一起回吴家埠工作站，一进门我就向王老师报告意外消息，王老师也甚喜，当晚，大酒。

最大的一块“异样石块”，是方向明用洋镐清理剖面时挖出来的，微有损伤。他在水田沟里清洗后，才发现了切割痕迹，欣喜若狂。那晚在吴家埠，方向明被奖励喝了不少酒。

随后，发掘出土了不少玉器残件、玉料残块和石质工具，并清理出局部的红烧土面和埋设陶器的灰坑。在试掘过程中，对土垣沿线和周边环境进行了调查，根据当地村民对此地的称呼，正式改“土垣”为“塘山”。

塘山金村段制玉作坊出土的玉料和残品

本来是去找拦洪坝的，结果发现了一个制玉加工作坊。

2002 年 4—7 月，考古队员再次对塘山金村段进行发掘，获得了 460 多件玉石制品，发现了与制玉有关的石砌遗迹 3 处，确认金村段的营建是一个连续堆土加高的过程，并在南部斜坡处用大量块石筑成护坡。

塘山遗址的性质功能究竟是什么？

《中国文物报》2002 年 9 月 20 日第一版发表了王明达、方向明、徐新民、方忠华联合署名的《良渚塘山遗址发现良渚文化制玉作坊》，认为塘山是一处良渚先民人工修筑的防洪堤，其上的制玉作坊是利用塘山地势较高、相对安全的条件选择的地点。

塘山作坊做的主要产品，是管珠和锥形器等普通玉器，兼玉废品回收再加工。从残存的玉质遗物看，良渚人会把很多玉璧的残块拿过来再加工，最有可能做的就是锥形器，因为发现了很多和锥形器制作有关的残块。∞玉料（185）

当时，关于塘山性质的判断，得到了多位学者的认同。不过，有一个历史遗留问题始终没有解决。

塘山遗址如果作为防洪堤，那么，它的西部连接到毛元岭山体之后，往南被一条彭北渠截断，再往南就没有山体或坝体，水流从坝内流向了东苕溪，似乎起不到截流防洪的作用。

之后很长一段时间，对塘山的研究并没有更大的进展。直到 2011 年的“上帝之眼”。∞低坝（072）

高 坝

| 良渚水利系统 |

2009年9月中旬，良渚遗址群西北的彭公村岗公岭有人“盗墓”，现场暴露大量青膏泥——战国到汉代的大型墓葬常用青膏泥填土，可以防腐，盗墓分子“很懂”。

岗公岭，属于瓶窑镇彭公村，距离良渚古城西北大概有8千米，宣杭铁路和新104国道在此处转了个近九十度的大弯，沿东北向山谷上行通往德清。这个山谷南端最窄的位置，有一个西北-东南走向的“小山”，原来表面植被密布，和两侧的自然山体不能区分。后因施工建竹器市场，小山上部已经被推平，仅东南存一断坎，高达7米多。表面裹着一层两三米厚的黄土，馅是青淤泥，像个豆沙包。这座“小山”完全由人工堆筑而成，与两旁自然山体的石质构造完全不同。

它的西端被宣杭铁路破坏，东部被新104国道西侧旧岔道叠压，岔道东面暴露山体基岩，可见破坏很小。东西向残长约90米，南北宽约80米，体量巨大。从迹象判断，这并不是墓葬。刘斌联想到2000年那次小风波“彭公战国水坝”，就在附近，推测两者功能类似。

他们根据岗公岭坝的走向和位置特征，向其东西两侧山谷寻找其他水坝。至年底，又发现了附近有5处坝体，根据所在位置周边的山体，分别命名为老虎岭、周家畈、秋坞、石坞和蜜蜂弄。这些坝体皆位于两山之间的谷口位置，构成水坝群。也就是说，高坝有6条。

水坝断代是个问题，需要有实证。2010年1月18日，多雨。连日雨水的冲刷，岗公岭的地面和断坎暴露出大片草茎。如果不是这天的雨特别大，这根关键的草茎可能还露不出来。这些草保存相当好，

老虎岭水坝清理现场

考古队员可以用手把每块草包泥掰开。草呈黄褐色，夹杂一些蓝色，很快氧化成黑褐色，可以分出一根一根的草茎。仔细观察发现，每一包的草茎都是顺向分布的，并没有相互经纬交叠，说明这不是编织过的草袋，而是用成束的草包裹的淤泥。这就是后来我们知道的草裹泥。

草裹泥 (287)

这些草后来经过鉴定是南荻之类沼泽上常见的植物，就是苕溪名称里的这个“苕”。有了草，就可以测年。考古队员采集了 3 个样本送到北京大学进行年代测定，三个数据经树轮校正后都落在距今 5000 年左右，属于良渚文化早中期。

岗公岭暴露的草裹泥

老虎岭坝体中的草裹泥分区情形（白色细线就是烂掉的草）

高坝的 6 条坝体可以分为东西两组，其中岗公岭、老虎岭、周家畈构成东部一组，坝高约 30 米，共同控制了一个山谷的来水；再往西的秋坞、石坞和蜜蜂垄又构成另一组水坝。

俯瞰高坝

低　坝

| 良渚水利系统 |

塘山和水利高坝系统的发现，是通过传统的考古调查勘探方法找到的，而低坝的发现，则是“上帝之眼”，技术控出场了。

2011 年年初，王宁远得到了一张已解密的良渚地区 1969 年美国间谍卫星影像。画面呈长条形，西起余杭百丈，东到海宁许村，北达超山北侧，南部覆盖笕桥机场，所摄范围达 1000 平方千米。画面右侧较大字体的编号：086079，后面以小字标注为 S 11 FEB 69 1106-2AFT。说明拍摄的时间为 1969 年 2 月 11 日，正是冬季自然植被很少的季节。

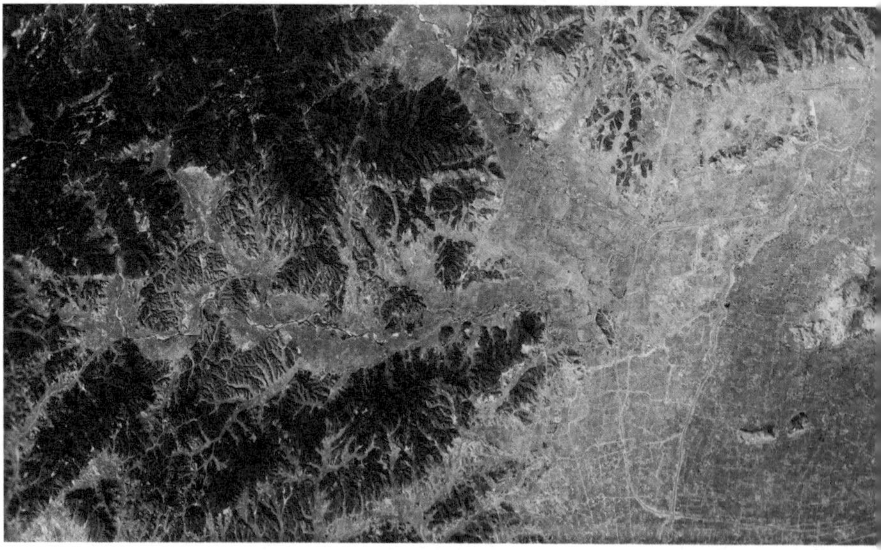

发现了水坝结构的卫片

这个以 TIFF 格式存储的电子文件，有 239M 大小。他在八角亭办公室电脑上打开，顺着苕溪熟悉的转折找到古城的位置，连续点击、放大。

惊呆了。在这张高清黑白照片里，良渚考古队花了几十年才找到的良渚古城各结构部分：莫角山及其上的三个小高台、城墙、外郭等，塘山以及西北部岗公岭诸水坝，看得清清楚楚。

王宁远说，虽然在此之前，谷歌高清卫片已经覆盖这个区域，我们还请专业公司用无人机制作过整个片区分辨率高达 8 厘米的正射影像。但这些影像对于遗迹结构的显示都很不理想。因为谷歌卫片和数字正射影像都做过正射处理以保证平面测量的精度，同时为了避免影像反差过大导致画面细节损失，往往都有意识地选择在阴影较弱的光

线条件下拍摄。而阴影正是地表结构能在画面中凸显的关键因素之一。而早期的锁眼卫片都是倾斜拍摄的，目的是为了寻找地面军事设施，光影角度的选择正好符合我们的要求。

同时，20 世纪六七十年代本地区农村烧饭还没开始使用液化气，村民都要上山砍柴，所以山体上植被很少，地形凸显。当时也还没有开展大规模的基本建设，原始地貌保存较好。他们之前在寻找古城外郭城采用了数字线划图制作数字高程模型（DEM）的方法，效果不错，但是高精度地形图的测绘成本每平方千米高达数万，而美国解密的锁眼影像的数字拷贝每幅只要几十美金，覆盖范围达 1000 平方千米之巨。所以对考古寻找大的遗迹结构而言，是最经济的资料。

点击、放大，在同一个区域，这个动作他不知道做了多少。刘斌说，再仔细找找，高坝系统还有没有漏掉的坝体。

因为卫片图像文件很大，覆盖范围又广，需要在软件里连续点击放大按钮后才能看到细节。那天下午，王宁远不小心把图幅推得过于靠上了，忽然发现画面上两个近圆形的山体间，连着很长的一条垄，看形状很可能是人工堆筑的。

他缩小画幅确定位置，发现“自己”已经“跑”到高坝南部相当远的地方了。为了验证地形的准确性，他又打开“谷歌地球”，果然在相同位置也找到了它。根据地名标注，发现其东部为新 104 国道，再往东为南山和栲栳山。

他要大叫了。它通过栲栳山居然连上了毛元岭和塘山。这就意味着，如果这个是良渚的坝，那它们和塘山就构成了一个整体，良渚水利设施根本就是个统一设计的规模巨大的系统工程。

他把这个消息告诉刘斌，决定立刻派人去钻探验证。他找了祁自立，这个陕西汉子是良渚古城发现、高坝系统勘探的主力技工。他决定过几天忙完手头的活就着手勘探。

2011 年 4 月 24 日中午吃饭，老祁告诉他，经过勘探证实，那条长垄果然是人工堆筑的坝。还有一个惊喜，这条坝的东西两侧，还有两条人工短坝。其中东侧一条已经被新 104 国道截断，西侧那条则非常短，卫片上不仔细看很难发现。这三条坝，后来被命名为狮子山（东）、鲤鱼山（中）和官山（西）。

2012—2013 年进行过 3 次短期调查，没有什么收获。2013 年 9 月 28 日下午，王宁远开车带着祁自立、范畴在宣杭铁路西侧的疑似

低坝鲤鱼山的细部

地点梧桐弄附近用洛阳铲钻孔，这是一条东西向长垄，中间和西侧被两条小路切断，断口是一种纯净的红土，附近还有个地名叫赤坝，之前多次在中间的断口处勘探过，一直没有发现人工堆积的证据。他和老祁在北侧水稻田里钻探，范畴在高垄西侧断口下勘探。过了会儿，范畴喊他过去，发现了草包泥。

草包泥是人工堆筑最具说服力的证据。第 4 条水坝被发现了，再次证明判断无误。

由此，南侧的这组新的水坝就被整体揭露出来。它们的坝顶高度大致在 10 米左右，称为低坝系统。它们通过栲栳山、毛元岭等自然山体，最终和塘山连接，构成了南线大的屏障，与北部山谷间的高坝群呼应。

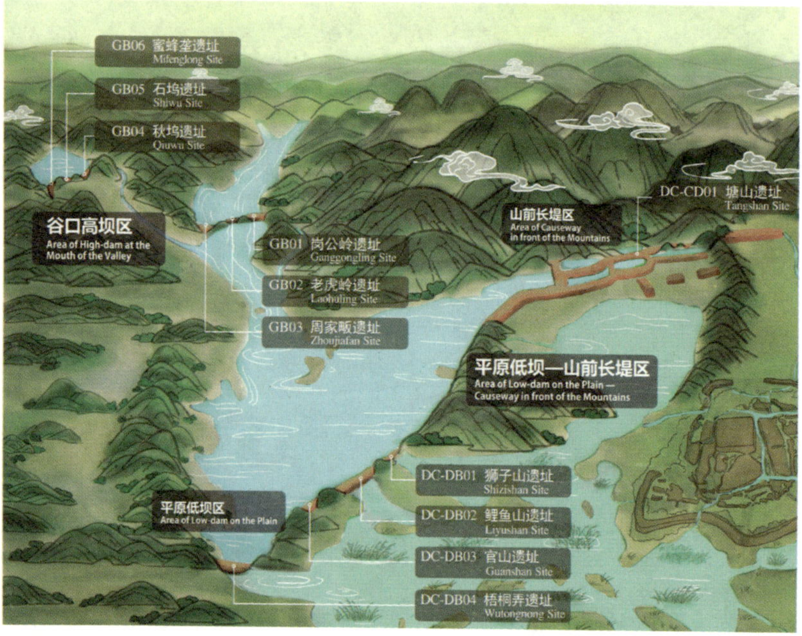

良渚水利系统示意图

所有坝体全部取样送北大检测，获得的 14 个数据全部落在 4900~5000 年间。因此，良渚水利系统是距今近 5000 年时，统一规划和建设的水利系统。

这一发现也证实了塘山并非独立的水利设施，而是整个水利系统的一部分。如今，水利专家也对塘山有了最新观点。这是一种非常精密的控水结构，5000 年前的设计已经超出了他们的想象。它从西到东分成三段。东西段都为单层坝体，而中段则为双层坝体结构，北坝和南坝有着二三十米宽的稳定间距，并且保持同步转折。

山洪来了，流经这个“机关”，相当于蓄在一个比较缓的水柜里。水势减弱后，泥沙就沉了下去，人们就能疏浚此地的泥沙，水路畅通，可以保证整个水利系统不会被淤死。

外围水利系统形成的多级库区示意图

至此，整个良渚古城外围水利系统的框架基本显现出来。

良渚人太聪明了，高坝和低坝构成两道防护体系。高坝主要建在山与山之间的谷口，封堵山谷里的水。低坝把平原上的孤丘连接起来，它围护的地方，是一片巨大的低洼地，可形成面积达 9 平方千米的二级库区。通过高低两级水坝，可将大量来水蓄留在山谷和低地内，解除洪水的威胁。

中国社科院考古研究所的专家刘建国、王辉通过地理信息系统（GIS）对高坝系统进行分析，发现这些坝体大致可以阻挡短期内 870 毫米的连续降水，相当于本地区降水量百年一遇的标准。

良渚人造坝，不光为了防洪，还有很重要的功能：运输、生活用水、灌溉，为生产生活服务。像高坝系统的岗公岭、老虎岭等，满水时，可以沿着山谷航行上溯 3000 米左右。考古学家估算过，水利系统的库区面积相当于两个杭州西湖，蓄水量相当于三个西湖。

大观山果园

| 良渚的宫殿 |

杭州市余杭区中部，跨域瓶窑、良渚两镇，有一个明显起伏的高台地，这里曾有一个著名的水果基地——大观山果园，1958 年，杭州市民政局设立大观山安置农场，主要种植水果，所以又称“大观山果园”。桃树最多，大观山桃子，老杭州知道，这是著名的水果品牌。

莫角山所在的区域原本大部分为大观山果园的地盘，只有小莫角山附近的小部分为当地村民的承包地。老 104 国道在中段设有双向车站，就叫“大观山站”。其实真正的大观山是大雄山丘陵的次峰，海拔 172 米。

根据王明达的日记，1977 年 10 月 11 日下午，苏秉琦先生、吴汝祚先生、杨鸿勋先生来杭州。10 月 31 日中午，严文明先生也到了杭州。11 月 1 日，下雨停工，严先生上午看库房，下午、晚上座谈。牟永抗先生向省文物局借来一辆北京二型吉普，陪着他们去良渚实地考察，经过荀山、钟家村等地点。

他们坐在大观山果园的草地上休息，吉普停 104 国道边上。那段著名的谈话，此前被演绎过多个版本，实际发生在这里。苏先生问："你说良渚这个遗址怎么样？""很大，但是一下子看不很清楚。"严先生回答。苏秉琦有所感："古代的杭州，就在这里。"严文明接着说："我看很像是良渚文化的中心。打一个不恰当的比方，假如良渚文化是一个国家，良渚遗址就应当是它的首都。"眼前的这片果园，两位

苏秉琦（右）与司机在莫角山

老先生也仔细地踏察过，可惜一块陶片都没有找到。

瑶山发掘后不久，104 国道余杭段动工扩建，在通过大观山果园的公路两侧发现了大量经火烧过的土坯。1987 年 12 月 1 日，严文明和研究生李水城来到工地，他一看，这不就是 10 年前他和苏秉琦先生靠着吉普休息的地方吗？

大观山果园，实际是一个长方形的大型土台子，670 米 ×450 米，面积 30 万平方米，相当规整，只有西头有一小块地方凸了出去。而且高有 5 到 8 米。严文明沿着台子边缘走了一圈，每边都很直，除了南边外，地势陡峭。自然力量无法形成，必然是人工建造的。十年前，他们居然没有看出蹊跷。

王明达给严文明补充了一个重要细节：已经开挖的 13 个探方里，考古队员发现，在红烧土以下看似是生土的地层，实际是经过人工搬动的，是人们用自然土筑成的，最深的地方有 7 米（人工营建的良渚文化土层和遗迹厚达 10 米以上）。良渚人居然有能力建造这么宏大的工程？这 30 万平方米的大土台，究竟什么性质？

莫角山

| 良渚的宫殿 |

莫角山、宫殿、大观山果园，这三个词条，讲的都是同一个地方，但内容和角度是不同的。宫殿，是从王的角度讲房子的规模和用途。大观山果园，是苏秉琦在这儿说古杭州的段子。莫角山，则是宫殿发现的故事。

1987年，赵晔分配到浙江考古所工作，7月报到，前面几个月，他在古荡库房协助牟永抗整理反山和瑶山的玉器。10月，因为莫角山东南部的老104国道有点弯曲，呈S形，公路部门就想把它拉直，再加宽一点。省考古所进行了考古发掘，这也是赵晔来所里后的第一项野外工作，发掘负责人是胡继根。

清理完沿线四个土包包里的13座汉墓后，布方，表土挖下去，出现了大面积的红烧土堆积。大家有些惊，第一次碰到这么大面积的，最厚的地方有1米多，斜坡状，一层一层，层理清楚，有的像长方形的砖块，有些“烧”得有点夹心，外面黑里面红。

科普一下什么是红烧土。不是把土块红烧一下，它原本可能是建筑的墙体等部位，后来在有氧条件下，受到灼烧，土壤中铁元素被氧化变红，再经过时间的沉淀，便成了今天揭露时的样子。

显然是人为的。当时有几种推断，要么是房屋毁掉，要么是窑址废弃倒出来的废土。严文明先生带了李水城过来看，会不会是祭祀行

红烧土

为产生的堆积？还有一个重要发现，红烧土下面，出现了团块状青淤泥，不纯净，里面含有机质，这是人工堆起来的熟土，也算是文化层。而且解剖了二三米深还是这种土，再往下钻探，直到杆子够不着了，仍是这种土，厚度超过 10 米。后来我们知道了，这就是莫角山堆起来的人工填土。1987 年发掘透露出一个重要信息：莫角山是一个巨大而规整的人工台地。

整条线路边上有好几个地方都发现有红烧土堆积，牟永抗觉得有必要进一步发掘。但最后因为计划工作时间太长，费用偏高，公路部门放弃了改造计划。这件事不了了之，其实也是好事，等于这里得到了保护。

红烧土

1992年，事情又来了。浙江省文联印刷厂（长命印刷厂，这个印刷厂今天还在，很长命）要在大莫角山南侧扩建厂房。6月，省考古所先试掘，发现表土下面是一层很厚很结实的沙土。上世纪80年代初，牟永抗就注意到乌龟山北侧有农民“大规模捞沙”的情况，一直持续到90年代，村民在这一带田地劳作时，经常发现耕土层下有厚厚的沙土，因为它不是纯沙，所以农民要架起筛子把沙子筛出来用来造房子，也有人挖沙卖钱。

大观山果园这个十多米高的台墩上怎么会有沙土，沙土通常是冲积形成的，台墩上的大量沙土一定是人为造成的，难道是人工搬运上去的？

为了解决这个问题，下半年决定正式发掘。浙江省文物考古研究所在院墙内发掘了1000多平方米。这个地方在大观山果园里的大莫角山西南、南，乌龟山东侧。

上面的沙土很硬，而且一层一层。赵晔和执行领队杨楠看来看去，总觉得这里有波浪状的起伏，会不会是夯过的？越看越像。但南方的史前考古从来没发现过夯土，更别说夯窝了，这似乎是北方的专利。

只有揭露出来，才能真相大白。两个人想了很多办法，因为上面的沙土实在太硬了，手铲都铲不动，小锄头又怕用力过猛，螺丝刀力道也很难控制，稍微不小心就会戳过头。他们不断调整工具，最后想了个办法，买了些不锈钢的小汤勺，一点一点，在泥面和沙面之间剥剔，夯窝有弧度，小勺子的弧度又贴合，力道恰到好处，最终剥剔出了6个蜂窝状的夯土层面。实际的夯土层可达13层，剖面能看出清晰的波浪形夯窝。夯窝直径3～6厘米，深约5厘米，大小均匀，说明良渚人可能是用一种圆头的小棍子夯的。这是南方首次发现夯窝，而且是一种非常特殊的夯筑方法。

总结一下沙土，上部为厚约 30 厘米的坚硬纯沙土，也就是当地村民曾挖取卖钱的沙土；下部为厚约 50 厘米的夯土，由一层沙一层泥间隔夯成，这部分因掺杂纯细的黏土，沙土质量不好所以无人采挖。原来认为的沙土，其实是一个人工夯筑的大台基。

夯窝

1992 年 12 月 26 日，严文明来现场查看夯土，回去后记在了《良渚随笔》里："虽然冒着小雨，我却不肯放过任何一个细节。他们的工作做得很仔细。我看到那些夯土是先铺一层泥，密密地夯筑，然后垫一层沙子，再铺一层泥，又密密地夯筑，如此反复达 9 ~ 13 层之多，总厚度为 50 厘米左右。这是在良渚文化以及整个龙山时代文化中所见加工最好的夯土，如此大面积地精心夯筑，说明它很可能是一个大型建筑的基址。"

在印刷厂西面的小莫角山南侧，也发现了一片同样结构的沙质夯土基址，上面发现了 26 个柱洞，其中有十几个比较大，分两排。可惜因为面积不够，当时没有挖到完整的柱坑分布。但从柱坑排列来看，有可能它是类似亭子一样的建筑，列了一排图腾柱之类的东西，作为仪式广场上的背景。

考古队对沙土的范围作了初步调查和钻探，确认三个小土台（大莫角山、小莫角山、乌龟山）之间都有分布，总面积有 3 万多平方米，近些年又探明可达到 7 万多平方米。由此推断，这片面积巨大、厚实又平整的沙土，绝不会仅仅是一两座建筑的基础，应该是一个大型的礼仪广场。∞沙土广场 (087)

严文明提出了"台城"的概念——当时城墙还没发现，所以把这个十多米高的覆斗形的大台子叫台城，也很贴切。严先生敏锐推断——以莫角山城为代表的良渚遗址区，是不是可以看作是整个良渚文化最大的中心？假定莫角山城是某个统治集团的权力机构所在地，是否就可以称为都城？

2007 年底，良渚古城宣布发现后，莫角山的位置和布局有了合理解释，土筑城墙围绕莫角山分布，呈现出一个精心规划、宏伟壮阔的都城格局。

莫角山遗址评上了 1993 年全国十大考古新发现、“八五”期间全国十大考古新发现。可以说，这次考古发现，确认了莫角山是良渚文化最重要的中心遗址的地位。

莫角山遗址为什么叫莫角山，不叫大观山果园遗址吗？

1987 年和 1992—1993 年发掘时，这个地方叫大观山。其实它是大观山果园外场，等于“分部”，本部不在那里，正宗的大观山是果园内场，在大雄山丘陵北面。但大家都习惯统称大观山果园，因为都

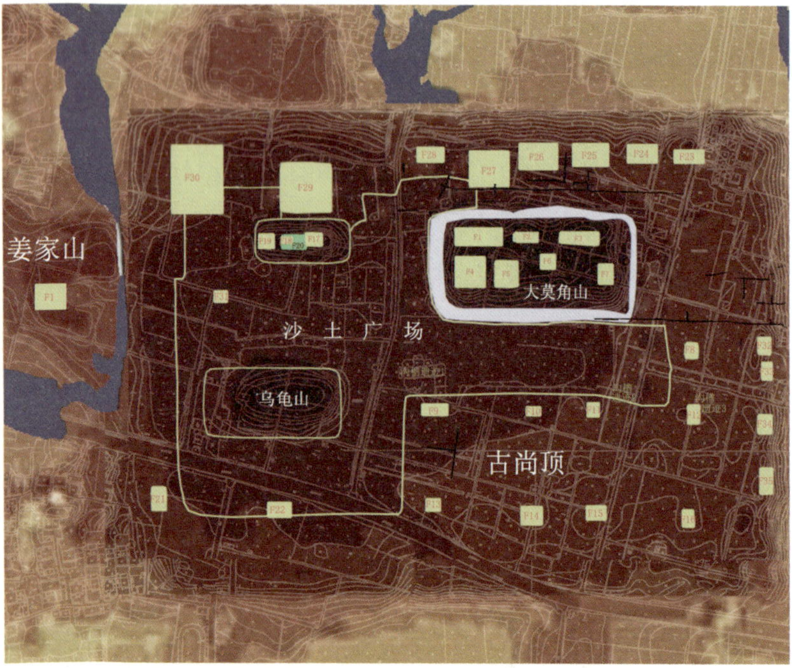

莫角山宫殿区遗迹分布图

是它的地盘。后来，果园的厂部搬到了这里，但遗址叫大观山不太合适，叫大观山果园也不妥。赵晔想，因为它上面有一个大莫角山，一个小莫角山，那么索性把整个遗址叫莫角山。王明达说，以往大家都习惯了叫大观山果园，一下子叫莫角山遗址，是不是不大容易叫得响？杨楠说，叫得响叫不响，关键在于考古发现，反山、瑶山不都驰名中外了吗？

后来，大家又打听到一个更好的名字，当地把这里叫"古上顶"或者"古尚顶"，曾经一度想把莫角山的名称改过来。但是因为莫角山已经正式报道了，就不再折腾了，申遗时也用了莫角山这个名称。

沙土广场

| 良渚的天安门广场 |

王的宫殿区莫角山上，除了三座宫殿基址外，还有一片大型户外活动广场，有 7 万多平方米，位于宫殿区中部，三个土台之间，我们叫它沙土广场。

一层沙、一层泥，像千层蛋糕一样，夯得结结实实，良渚人用这样交错相间的方式夯筑这个超级广场。沙，主要取自河沙，掺了山上的泥土和石头颗粒，夯筑后的地面质地坚硬。5000 年前，人们就是在这里祭拜心中的神灵，仰望高处的那位君王。宫殿（092）你可以把它想象成良渚人的天安门广场。

在大莫角山北边的高北山，有一片水稻田，那边有一个墩子，上面搭建了三个房子，东西向排成一排。在台地下面，考古队员又发现了和大莫角山南边一样的超级广场，面积稍微小一点，但夯筑的工艺一模一样。这里可能是比莫角山宫殿区低一等级的行政中心，类似衙署、官署。

高北山的沙土广场

高北山北部沙土广场解剖面

粮 仓

|　“城里人”不事稼穑　|

2010—2012 年，为了全面了解莫角山宫殿区的土台堆筑过程，考古人员在宫殿区东侧的斜坡进行发掘，布了 12 个探方。考古，除了考察土，还要考察古人留下的生活垃圾。最典型的就是灰坑，这是一种遗迹，古人有意或者无意留下的生活遗物，相当于我们的垃圾桶，他们一般作为垃圾坑、窖穴、祭祀坑来用。

莫角山东坡发现了一个奇怪的灰坑，编号 11，横跨 4 个探方，面积很大，里面发现了大量木炭、一堆黑乎乎的已经炭化的稻谷（米）、红烧土块、草木灰、草绳，以及灰烬。

炭化稻谷（米）

眼前的一切，显然是被一场大火烧过后留下的遗物。有机质在高温缺氧情况下，就会被“烧”成炭，这个过程就是“炭化”。不同的物质，所需要的温度和时间都不一样，大米的炭化温度在 180° C ~ 210° C，炭化后，像化石一样，如果在极干或者极湿的环境下，可以保存完好。

考古专家通过“浮选法”，就是洗土，把遗址中采集来的土倒入盛满水的容器里，炭化物比重小，会浮到水面上。比如小朋友挑食，吃炒粉干，又不要吃葱，想挑掉，就加水，把葱去掉。这就是浮选法。

和小朋友的葱一样，大量的炭化稻谷（米）浮了出来。其中有很多稻谷还没有脱壳，中间夹杂了很多穗柄，还有很多负责给米粒输送营养的小穗轴，一个小穗轴负责一粒大米的健康成长。

这并不是良渚人烧饭之后留下的残羹冷炙，而是还没有等到吃，就发生了一场火灾。

这堆炭化稻谷约 2.4 万斤，是良渚古城的一个国家粮仓吗？稻谷旁边还发现了一截截绳子，和现在的麻绳很像，推测是用来捆扎的。

那天，宫殿区的粮仓失火了，这儿也不能再用了，良渚人清理烧毁的粮食，把它们当做垃圾倒在这里。

在古城宫殿区，这样的炭化稻谷堆积地点，不止莫角山宫殿区一个，目前城里发现了 6 处。其中，池中寺的粮仓最大。

2017 年夏天，还是在古城里——莫角山以南，皇坟山和桑树头之间，一个叫做“池中寺”的台地，被证实为良渚时期人工堆筑而成，其中发现了两大片的炭化稻谷堆积，经过测算，居然超过了 39 万斤，也同样发现了捆扎绳。这显然不可能是随意丢弃的垃圾。看它的周围环境，西侧和南侧是低洼水面，东侧是人工蓄水池，中间有一条人工堆筑的堤道。而且，这个人工蓄水池里没有生活垃圾，应该是城里一处重要的水源，附近居民的生活用水可以在这里解决，当然，万一隔壁粮仓发生火灾，也可以就地取用。池中寺可能是良渚王国的大型粮仓，是古城居民的主要粮食来源。在这里布局大型粮仓，很合理，不能离居住地太远，又要考虑防火，防潮，离皇宫也不远，显然精心规划。这样的发现，在中国同一时期的史前文化中，独一无二。

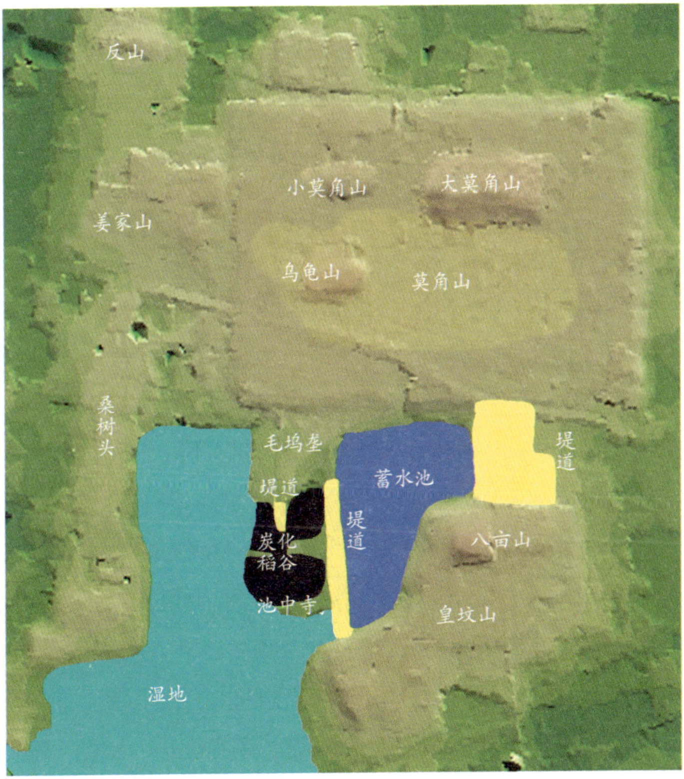

池中寺周边格局

但是，考古队员在古城遗址内外做过专门的良渚文化稻田的钻探和调查，目前还没有发现任何水稻田的迹象。居住在城内的良渚人，很可能不耕种水稻，“城里人”并不从事农业生产。城里住着哪些人？统治者，也就是王族、贵族，还有手工业者，他们平时不干农活。城里如此巨大储备量的稻谷从哪儿来？显然，这应该是由古城郊区的居民以及良渚遗址群以外的居民提供的。他们定期划着竹筏，为城里人送粮食。王要吃的大米饭，必须依赖城外人的生产。这必然产生了类似贡赋的制度，也就意味着，它的背后，一定有某种强权，这也是进入早期国家阶段的表现。

宫 殿

| 5000 年前世界最大工程 |

1992 年，余杭大观山果园之下二三十厘米，发现了良渚古城最核心的宫殿区——莫角山遗址。

2011—2016 年，考古队员对莫角山进行了持续发掘，几乎摸清了良渚古城的基本功能结构。与北方平原地区不同，它们都以地面堆筑模式营建。

当年，种果树的工人就觉得奇怪，这里要刮去的土特别多。后来人们才知道，大观山果园是一个高高的长方形土台子，竟然全部由人工堆筑而成。

在良渚博物院展厅里，一幅艺术家创作的油画复原了那个现场。一望无际的沼泽地中，王和贵族站在高处指点江山，人们在宽阔的河道上，划着舟筏，运着石头、泥土、粮食。他们要在这个盆地的中央，垒起一座高台。

土台怎么建?

人们从看似无用的沼泽地里挖了很多青淤泥，取土后，原本的沼泽地就变成了人工水道，可以和河流连通。挖青淤泥有什么用?把山体东部的低洼地填高，人工堆筑层达到 10 ~ 12 米，这就形成了土台子的基础。再采用山上的黄土，继续堆高，一块一块呈块垄状。整个台基顶部的平均高度有 12 米。而台基西部利用了部分自然山体，人工再堆高 2 ~ 6 米。

东西长约 630 米、南北宽约 450 米、总面积将近 30 万平方米的长方形覆斗台地，相当于 40 个国际标准足球场的面积——这就是莫角山宫殿区，位于古城的正中心，占据了古城 1/10 的面积，是目前发现规模最大的人工土台，远远超过年代更晚的龙山时代的石峁、陶寺和可能属于夏代的二里头的宫殿区或宫城，堪称中国最早的“紫禁城”。

请记住两个最——莫角山土台是目前发现的中国最早的宫城，也是史前时期规模最大的人工土台。

考古学家算过，整个莫角山土台的人工堆筑方量，达到了 228 万立方米，而埃及的胡夫大金字塔的石方量为 252 万立方米，比莫角山大，但它距今 4700 年，比莫角山年代晚。所以，在 5000 年前，莫角山土台是全世界规模最大的单体建筑工程。

建完土台，紧接着，人们要在土台上再建三个“品”字形的小土台，也就是三座宫殿基址——大莫角山、小莫角山、乌龟山，再在上面建好几座宫殿。

那么，王住在哪个宫里?

大莫角山是三座宫殿台基中面积最大的一个，总面积有 2 万平方米，相对高度达 6 米，海拔高度 18 米，是整个良渚古城的制高点（莫角山的海拔超过 12 米，反山海拔 10 米左右）。如果你去良渚古城遗址公园，站在大莫角山上，就会有感觉，古城内外，大遮山与大雄山尽收眼底，一览无余。这也体现了王者居中居高的特点，在后世中国历史时期，大多数都城遗址也处于“C 位”。

王可能就住在这里。他的宫殿很大，办公、居住、娱乐，自然要分开。大莫角山顶上，发现了 7 座 300 到 900 平方米的高台式房屋基址，南北两排，北边 3 个房子，南边 4 个房子，还有直径超过 1 米的柱洞，最大的那座房基，有 940 平方米。你可以把它想象成故宫太和殿，太和殿的面积为 2377 平方米。但 5000 年前，良渚人就已经能建造这么大的宫殿建筑。

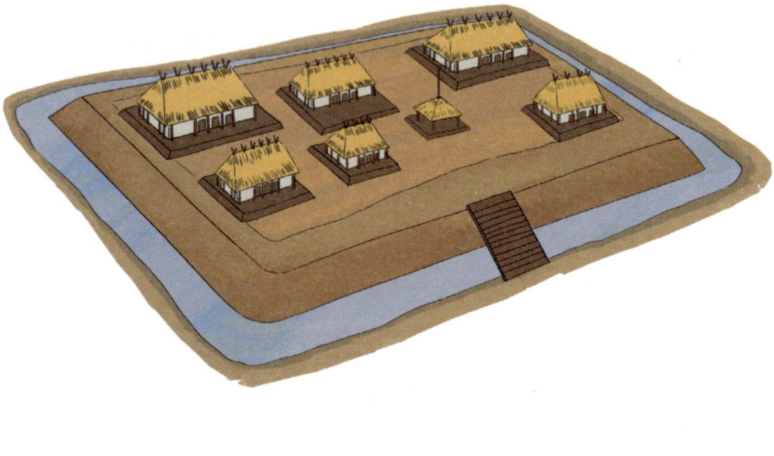

大莫角山台基复原图

如今的小莫角山遗址　史鲁杭摄

小莫角山是面积最小的宫殿台基，发现了 4 个房屋基址。其中 20 号宫殿建筑面积最大，建筑面积约 350 平方米，被隔墙分为东西两间，室内有成排柱洞，内部残留的木桩直径近 1 米，我们现在去小莫角山遗址，可以看到木柱复原现场，感受小型宫殿的规模。

而乌龟山上因历年来的人为破坏，顶部没有发现房子等遗迹。

莫角山宫殿区以南，还有一个皇坟山遗址，最高处为八亩山台基，而且和可能是王住的人莫角山台基南北相对，推测这里也是一处宫殿。由此可知，良渚古城中部以莫角山和皇坟山等构成了宫殿群。

而莫角山宫殿区以西的土冈上，自北向南分布有反山王陵、姜家山和桑树头等贵族墓地。2007 年，直到良渚古城发现后，人们才发现，反山王陵就位于莫角山宫殿区的西北角，与王的宫殿不过一水之隔，而且和宫殿区差不多同时建，我们可以理解为，这是同时期最高统治阶层的安息之地。反山 (046)

良渚古城

| 一块石头揭开一座古城 |

良渚古城的发现和确认，最关键的证据是良渚城墙的发现。

2006年4月，良渚遗址管理区管委会为了安置莫角山搬迁人口的住房建设，在莫角山西边一个叫葡萄畈的地方选了块地。6月，刘斌带着考古队去调查试掘，发现了一条良渚文化时期的南北向河沟。河道里发现了很多陶片，莫角山边出了玉料，还出了卞家山遗址发现的漆杯残片和刻纹陶片。红线范围内发掘项目结束了，刘斌“舍不得”，觉得这里不寻常，于是把河的对岸也找到了，河宽40米左右。

他不太“听话”，想解剖一下看看河岸到底是生土还是人工堆的。但周围全是房子，实在没有余地，又担心距离人家墙基太近，就解剖了很小一块，只有2米×4米，其实这一块也超出了管委会安置项目范围。再加上时间延长，管委会对他很有意见，说他太认真，一天到晚不肯结束。他很固执：我只是想了解一下河岸怎么弄的。

但是解剖发现土太纯，啥也没有。中间确实也没有房子，都是一次性堆上的，这时他怀疑到生土了。但由于它西面是河，觉得不太像生土，于是再往下挖了大概二三十厘米。12月，他在四川开会，收到了技工祁自立发来的照片：挖到了石头。

良渚古城发现的瞬间，不是玉器，也不是陶器，只是一层石头，没有任何惊心动魄的戏剧性场景，谁都不会想到发现的是一个古城的石头。刘斌没有放过这层石头，东想西想——

石头是在3米多厚的黄土堆积下发现的，而且中间没有间隔，说明是一次性堆上来的，说明这些石头应该是3米多厚的土的一个基础，

很有可能是大堤或者城墙。那么，它究竟是大堤，还是城墙？

2007年6月9日，考古队终于在河池头村高地下面发现了第一片西城墙的石头，但此后，线索又断了，尤其在找到北城墙接到雉山上后，石头又消失了。

考古队员继续追着石头跑。他们几乎翻遍了从雉山、前山到旧104国道之间南北1000多米长的范围，最后终于在金家弄村北面的一块农田里，钻探到了下面的石头。东城墙有了。它的发现，也使得原来的北城墙和西城墙被初步确立为城墙，而不是苕溪大堤。接下来，南城墙也找到了，东起小斗门村西，西至东杨家村与凤山东坡相连。

西城墙葡萄畈发掘现场

一座东西约 1700 米、南北约 1900 米、总面积 300 多万平方米的四面围合的良渚古城，真真切切地摸到了。它超出了人们以往任何一次对良渚文化的认知。

城　墙

| 住在城墙上 |

如果沿着古城城墙走一圈，6 千米，大约需要两小时。良渚博物院有一块特别的墙皮，取自良渚古城北城墙遗址。我们能够清晰地看到它的土质，黄土夯筑，土色之间有所差异。显然，黄土来自不同的地方。这是良渚先民一层一层往上堆筑的痕迹。展厅的墙皮下面，堆着一块块约足球大小的石头，自然风化，未经加工，良渚人直接铺设在北城墙底部，加固基础。

6 千米长的城墙底部，铺满了这样密密匝匝的石块。远古时代，
(277) 古人以铺石构筑墙基，迄今为止，仅此一例。ↄ石头

良渚晚期，城内的生活空间已经完全不够用了，得搬家。搬哪儿？城墙上。

此时，原本作为城内外“保护屏”的城墙功能开始丧失，四面城墙也逐渐变成了住地，人们不断往城墙边倾倒生活垃圾，在上面堆土扩展住房面积。久而久之，一些地方的城墙变得越来越宽。

良渚人的城墙，保存最好的部分高约 4 米，宽约 20 ~ 150 米，宽度惊人，打造“湖景房”，完全没问题。

火溪塘遗址是北城墙东部的一个缺口，正是水城门所在。城门上

部发现了一口良渚晚期的水井，正方形，四边还残存木井栏痕迹，里面放着罐、壶、尊、豆等陶器。这说明城门淤塞后，人们住到了城墙上，喝水洗澡烧饭，城墙上的小日子，惬意。

之所以生活在城墙上，一是因为良渚古城的位置对于其他族群而言，是大后方，比较安全，所以不需要军事上的防卫。另一个原因，住在城墙上也是一种防卫。独居高处，大河波浪宽，风吹稻花香，有点水泊梁山的味道，进来挺不容易的，景致还非常好。良渚人的城墙，既是防卫，更是一种生活方式。

北城墙发掘现场

外　城

| 城市的外扩 |

城墙上也住满了怎么办？人们把目光放到城外，形成了外郭城，模式和城内差不多，一块高地，一条河。

我们来说说城外人的生活。

城墙之外，人们发现了更大范围的外郭城，由扁担山 - 和尚地、里山 - 郑村 - 高村、卞家山、东杨家村、西杨家村等长条形高地断续相连，围绕城墙分布。这些长框框也由良渚人堆筑而成，合围面积达到 8 平方千米。比如卞家山一开始是长条形的村落，到了晚期成为良
(102) 渚古城外郭体系，是外郭城南墙的主体。∞ 卞家山

这还没完，在这些长方框的居住地和城墙之间，良渚人还要“填空”。“缝隙”里分布着美人地、钟家村、周村等长条形的居住地，都在沼泽上直接堆筑，底部并没有铺垫石块。

这又是严密规划过的，外郭城也成了良渚古城的组成部分，使用年代为良渚文化晚期，这也说明古城的发展是动态的。

住在外城的人，做什么工作？属于外郭城的文家山遗址，发现了二十多件石质钻芯。从出土遗物分析，外郭城范围应该是主要的手工业作坊区。

从最中心面积约 30 万平方米的王城——莫角山宫殿区，到其外分别为面积约 300 万平方米的内城，以及面积约 630 万平方米的外城，堆筑高度也由内而外逐次降低，显示出明显的等级差异。

王城、内城、外城这三重格局，与后世都城，比如我们熟悉的明清北京城“宫城、皇城、外城”的三重结构体系类似。

古城结构示意图

根据不完全统计，埃及吉萨金字塔（距今约 4600 ~ 4500 年）土石方量为 504 万立方米，整个良渚古城及外围水利系统的土石方总量达到 1005 万立方米。

根据考古专家的估算，良渚古城住了约 2 万人。假设参与工程建设的人数为 1 万人，再减掉当时重要的雨季，以每年农闲时间参与古城建设 100 个工作日计算，则 1 万人完成土石方的时间，需要 27.5 年。

因此，良渚古城系统应该是一个经历几十年建设过程的庞大工程系统，不是一代人能完成的。修建这么一个庞大的工程，需要高度集权和分化的社会组织才能完成。这无疑是良渚文明进入国家社会的重要标志。

可以说，良渚人创造的规模庞大的城市系统，是中国乃至东亚地区早期城市规划的典范，是中国最早的三重城市格局，在中国城市建设史上具有重要的开创意义。以6.3平方千米的外城计算，它的占地规模一直领先了1500年，才被郑州商城超越。

卞家山

| 码头、头骨容器、木屐、螺蛳壳 |

我们说起良渚，总是聚焦在古城里的王公贵族身上，反山、瑶山大墓的珠光宝气出镜率很高，普通人的生活，反而说得很少，卞家山这个名字，甚至很多人都没有听说过，即便被提起，也总是和外城“最低等级”这个前缀绑在一起，除此之外，存在感有点低。从地图上看，卞家山只是一个长条形。如果是个电影镜头，长条形的特写放大再放大，回到5000年前，良渚人柴米油盐娱乐休闲的生活现场，就在眼前。

2000年，莫角山南侧东西向土垄上，卞家山西边的一块地被一个老板看中，建了一个杭州中联内燃机配件厂，西面建了4座并排的厂房。2002年底，他想在东面也建点厂房，考古所去试掘，打了一条南北向的探沟，目的是了解一下堆积过程，位置就在长条形大台地的边缘，即台地跟南面低地交接的地方，结果发现有密集的木桩，而且成排。
(112) 2003年扩大面积发掘，确认了，这是一处码头遗迹。∞码头

发掘结束，当时的所长曹锦炎让赵晔把木桩全部取出来，拍照、测量、画图记录，然后放到良渚博物院（当时还是博物馆）。博物馆

专门为此在水泥地上建了个水池，浸泡这 100 多根木桩。而遗迹现场用沙土铺垫，再在上面覆土回填了。

但事情还没完。除了木构码头，良渚普通人的生活用品和垃圾，也在淤泥里浮出水面。

码头北面的台子里，是个大型灰沟，开始是一个舟船可以进出的港湾，后来逐渐被生活垃圾和淤土填满，最后变成了一个巨大的垃圾坑。神探李昌钰说过，垃圾像历史书，记载着一切。对于 5000 年后的我们来讲，古人的垃圾就是“聚宝盆”，是复原历史的真实现场。但这个垃圾场，保存得太好了，漆木器、黑皮陶完好保存了下来。大量黑皮陶，带花纹的，有刻符的，发现了一批。良渚人的黑皮陶很讲究，外面一侧有光泽的黑釉，只有在饱水情况下，5000 年后，我们才能看到黑皮陶独有的这层光亮，良渚人太讲生活品质了。

漆器也发现了二三十件，主要出自内侧的大型灰沟。还有鹰脸陶器盖，以及很多带刻划符号的陶片。

为啥能保存得这么好？

码头边上是淤积区，埋藏环境特殊——潜水面深处的缺氧环境，有机质文物、黑皮陶、红衣陶等，最喜欢躺在这样柔软的淤泥里睡觉。赵晔做考古那么多年，这么好的环境，除了卞家山，还有南湖古河道的沙土。∞南湖 文物睡在里面 5000 年，不太有磕磕碰碰，损伤相对（126）小，完整器更容易保存下来。我们就能客观真实地看到当时良渚人的生活面貌。

一只带穿孔的人头骨容器，就在这个“垃圾场”里。

不知道是谁把他的头盖骨切下来，两头各钻一对小孔，可以穿绳子，有点类似西藏的嘎巴拉碗。赵晔推测，可能是把敌人首领的首级砍下来，然后做成容器，随身携带，一个是侮辱对方，一个是炫耀自己的战功，当然，只是推测。但新石器时代晚期，我国南方地区已经出现砍人头做器的情况了，余杭的南湖也出现了同样的人头骨容器。

我们着重来说说这个聚宝盆一样的大型灰沟，从西面往南拐，曲尺形，和外面的水域连通，等于一个港湾式的大型码头。最重要的是，它有两种功能。

北坡，有好几个用石块和木桩做起来的埠头，说明沟内的水是有人使用的，或者说这周围是有人生活的。灰沟的东侧发现了厚厚的倾倒的厨房垃圾——蛏子壳、蚌壳、鱼骨头、猪骨头（吃完后的骨头，属于驯化猪）……良渚人也是水产爱好者，吃过后扔掉的渣渣，就倒在这里。

重点说说螺蛳壳，卞家山发现的螺蛳壳都没有去尾，我们可以想象良渚人的吃法：用竹签或者鱼刺等工具把肉挑出来吃。赵晔说，福建昙石山文化的一些遗址发现的小螺都是敲去尾巴的，说明当地先民已经掌握了技术，敲掉螺蛳尾巴，前后打通，嘴巴一嘣，肉就嘣出来了。

穿着木屐（发现 1 件，6 个钻孔，可穿绳打结），划着木桨，舟上发呆。玩玩陀螺（发现 20 个，大小各异），捏捏泥塑（大象泥塑），嘣嘣螺蛳。这就是良渚人的小日子。

岸边，发现了一圈横向的篱笆，外面用纵向的木桩固定住，类似钟家港的护坡，每一段篱笆的结构也不同，木桩粗细不同，说明为了防止坡岸的坍塌。这里可以停船——早期，码头还没有建好，这里是船进出的通道。在灰沟的口部，发现了巨型木墩，上面有卯孔，推测是拴船的木墩，可以固定船。

（107） 墓地的东侧是居住区，∞房子 它跟西南边的灰沟是衔接的，灰沟是人们的生活设施，进出的船停在这里，淘米洗菜也在这里，倒垃圾也在这里。

灰沟再往北，就是墓地。墓葬不多，66 座，等级很低，都是平民，东西和贵族没得比，平均每个墓只有 7 件随葬品，主要随葬陶器，制作也不规则，是专门用来陪葬的明器。玉器多为装饰品，没有代表身份等级的“玉礼器”。比如，普通平民 49 号女性的墓，一个普通女人，基本啥也没有，但在 5000 年后，一具完整的女性骨架保留了下来，环太湖地区良渚文明得以保存下来的人骨少之又少，她的“出现”，太珍贵了。我们现在可以在良渚博物院看到她。

等级低，但墓地胜在年代跨度很大，从良渚中期偏早开始，一直延续到良渚晚期。也就是说，五六百年的时间里，一直有人生活。还

河岸边的竹篱笆

有个特殊情况，良渚文化墓葬一般头向朝南，但卞家山一半墓葬的头向却朝北。这是什么情况？墓主的身份特殊？还不清楚。

总结一下，灰沟的北边是墓地，东边是居址，南边是木构码头，这条灰沟，是时空穿越、聚落变迁的一条重要纽带。

顺便说一下，这条灰沟不是挖出来的，而是拦出来的。卞家山南面，这边的水域原来可能还要大一点，后来良渚人在水边用人工堆台地的方式，围成了一条弯曲的灰沟。台地的基础部分，是用草裹泥堆筑的。所以，良渚水坝的草裹泥不是首发，其实被卞家山抢了先。

想象一下卞家山小社区的形成过程：从良渚中期偏早一点的时候，

“卞家山少女”

有人在这里居住，死了也埋在这里。人们在水边建了台地，有了跟外面水域连通的曲尺形灰沟。这条灰沟也是小型的港湾式码头，停船是它另一大功能。后来，灰沟淤塞填平，上面变成了墓地的一部分。后来，人们还是不满足，在外侧岸边，又建了个正式的木构码头。∞码头 （112）

卞家山大型灰沟全景

房 子

| 模型、图画和建材 |

因为发掘面积有限，卞家山没有挖到居住址，但是在大型灰沟的东边做过调查，下面有很多红烧土堆积，包括有些炭屑、草木灰等，

跟居住生活有一定关系，再结合灰沟东边的生活垃圾，推测这里应该是一个居住点。而港湾式大型灰坑的南部，也就是码头北部的堤岸，其实是一个人工堆筑的土台，这里发现了一个约 15 平方米的房屋遗迹，有基槽、隔墙和灶坑，是比较明确的建筑遗存了。

但是，良渚人的房子什么样？良渚文化的建筑遗存保存都不太好，考古人挖到的只是零星的基础部分，比如柱坑，能发现基槽已经不错了。赵晔举了两个例子，比如庙前 F1 有 26 个铺垫木板的长方形柱坑，个别柱坑的垫木上还有残存的立柱，已经是保存很好的建筑遗存。建在台地上的桐乡普安桥房屋遗迹，有清晰的柱坑和闭合的基槽，也很难得了。

但是，房子的空间结构，特别是屋顶、梁架，根本不知道是什么样子。考古有时候需要运气。刚才说到的灰沟里，出土了一个红陶质房屋模型。

卞家山出土房屋模型

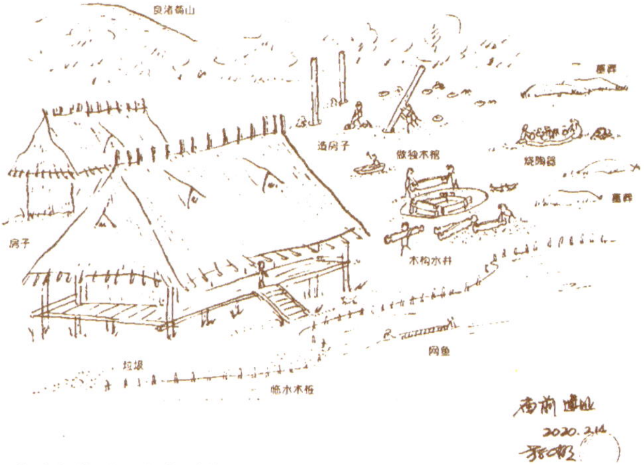

庙前遗址房屋想像图　方向明绘

普安桥遗址房屋想像图　方向明绘

说是房屋，其实是一个完整的屋顶，墙体没了，但屋顶四面坡的结构一目了然，每个坡面都开了三角形气窗。这是突破性的重要发现。但是，我们还是不知道屋顶和墙的比例关系。而海盐仙坛庙遗址出土的一件器盖，内壁刻划的正是干栏式的房屋图案。

再加上下家山发现的带转角的木骨泥墙，钟家港发现的涂抹了白灰粉的转角墙体，表面光洁，说明墙体表面经过压平和刷白。所有线索一结合，我们可以还原良渚人的民居建筑：先在平地或者垫土基础上挖柱坑或者基槽（水边则以干栏式桩基的形式），然后架设木构梁架，搭建四面坡的屋顶，墙体以木条为筋骨附着泥土制作成木骨泥墙，然后将外表抹平并刷上白灰。墙比较矮，屋顶铺设编织过的稻草，并用屋脊固定。不过，房子面积比较小，在 5~20 平方米之间。

海盐仙坛庙遗址
陶器上的房屋纹样

卞家山带转角的木骨泥墙

钟家港发现的转角墙块

良渚博物院中的民居建筑复原

码　头

| 良渚遗址群里首次发现 |

卞家山遗址发现的这个大型灰沟被填平之后，台子就成了一处河岸，也就是后来码头所依托的一个岸边。因为灰沟填完了以后，人们还是需要码头，而且可能需要规模更大的码头，所以就依托台子建了一个木构的 T 形码头。

140 根木桩，底部削尖呈棱锥形，插入河道的淤积土里。根据木桩的分布规则和大小，这个码头分两部分，一部分是沿岸的河埠头，由三排并列的木桩支撑；另一部分是外伸的栈桥，以大致等距的横排木桩为桥墩，两者呈 L 形分布，构成了一处水运码头。

卞家山码头遗迹全貌

卞家山码头木质桩基

卞家山码头复原图
赵晔绘

这是良渚遗址群内首次发现码头，木桩分布区的水边淤泥里，发现了两只木桨，佐证了木桩性质的推论。木桨全长 150 厘米，叶长 80 厘米，吃水量很大，以单个船工的体能，还是可以驾驭的。而良渚
(133) 人的交通工具——独木舟，要到 2010 年的茅山才发现。∞独木舟

卞家山码头出土木桨

城 门

| 形同虚设陆城门？|

良渚古城是一个水城。

四面城墙上，共有8座水城门，内外河道通过水城门相接，西、北、东，三面城墙内外皆有城河，构成了夹河筑城的结构。

但是，南城墙中部却发现了一处陆城门。

良渚人每天划着竹筏上班、逛街，没有早晚高峰，不会堵车，水上交通是他们生活的主流，水城门多很正常。可是，这唯一的陆城门，是用来干吗的?

过去，考古学家认为，南城墙既然是陆城门，就是在陆地上可以进出的城门。但做了长探沟发掘后，不对啊，城门东西向可以走通，确实是陆地。但一出南北，门的内外竟然都有水，人为挖低后形成了一个低湿地环境。虽然水比较浅，不像古河道那么深，但如果不架栈桥，人是完全走不进去的，只得每天蹚水进城上班。

这个陆城门，并不具备陆地城门的功能，没有起到连通城内外南北向陆上通道的作用。

形同虚设，有何用意?

陆城门还有三个门墩，由于历年的破坏，仅存高度不足1.5米，互不相连，对称分布。但是，为什么是三个，不是四五六个？莫角山宫殿区上，有大莫角山、小莫角山、乌龟山，也是三个。

南城墙边上，没有发现良渚文化晚期后段之前的生活废弃堆积，也就说，没有发现人的生活痕迹。而其他8个水城门，都发现了比较厚的生活废弃堆积，说明这里长期有人生活。只有在良渚文化快结束的阶段，南城墙边上才出现了一点点废弃堆积。

或许，这个城门并不是日常使用的，可能单独作为仪式性的用途。比如皇帝大婚，殿试放榜，文武百官朝会？就像历史时期一些都城的南边城门，通常用来接待外来使者，或者只是皇帝才能进出。而礼仪性的建筑，一般也都建在南边，比如紫禁城的午门。

陆城门再往南，就是大观山，三角形轮廓，很有辨识度。如果良渚人站在陆城门上，凝视正南方，尖尖的三角形尖顶，正好浮现在城门上。大观山，会不会是良渚人的圣山？

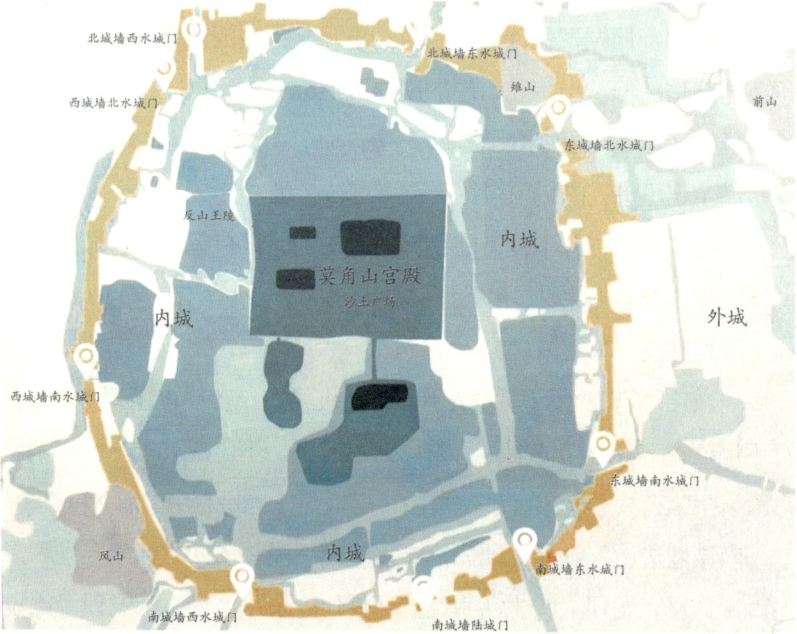

良渚古城城门示意图

近 郊

| 古城之外的良渚世界 |

在繁华的“良渚CBD”古城城址区（巨无霸三重城：宫殿区、内城、外城）以外，100平方千米的良渚城市系统范围以内（良渚和瓶窑），还分布着面积超过40平方千米的广阔郊区，我们叫它近郊。

最近几年，考古队员对近郊进行了大规模全覆盖式勘探，以前认为没有遗址分布或者分布很少的地方，发现了更多遗址，密度远远超出原先调查的认识。比如，古城东北近郊发现了良渚时期的台地——也就是良渚人的居住区或者墓葬，有97处，而以前调查只发现了20处。

根据目前最新的勘探结果，考古学家推测良渚古城以东的近郊聚落台地，将会超过600处，推测当时近郊住着二三万人口，这个数据和城内居住的人数差不多。

如今，良渚郊区聚落的勘探工作还在继续。住在近郊的良渚人的居住区、墓地、河道究竟怎么分布，城乡结构、经济生产，以及良渚王的统治模式，会有一个新的认识。

远 郊

| 良渚的实际控制范围 |

除了近郊，还有远郊，他们离王比较远，但依然在王的统治之下。

远郊，就是良渚古城的腹地——以前我们说1000平方千米的杭州C形盆地，比如，茅山遗址，发现了目前最大的良渚文化稻田，可能是良渚王国的国营农场。还有临平的玉架山遗址，由 6 个环壕共同组成。

现在，远郊的范围又扩大了，包括德清、临安、富阳、萧山在内的 2000 ~ 3000 平方千米，考古队员开展了大规模的系统调查。比如
(284) 距离古城 18 千米之外的德清中初鸣 中初鸣，发现和确认良渚文化时期的人工营建土台 23 处，明确这个区域存在一处良渚文化时期大规模制玉作坊群。

截至 2021 年年底，远郊范围内，除了良渚遗址群外，已经新发现良渚文化遗址近 150 处。

钟家港

| 河里藏着 5000 年的秘密 |

良渚古城里，除了沿着城墙的城河之外，大大小小的古河道有 51 条，绝大多数为人工开挖而成。河道宽度一般 10 ~ 50 米，深度一般 2 ~ 4 米，构成了纵横交错的水路交通系统，良渚古城就是一座水城。

有一天，在良渚古城遗址公园，刘斌指着不远处说，在这里，5000 年没有什么太大的变化。眼前，5000 年前的河流，依然在这座城市流淌。城墙东南侧有两个缺口，形成河流，如今还在通航，这就是良渚港，它的基本格局在良渚晚期已经形成。北城墙的“河池头”，也还在。除此之外，其他古河道都已成为平地。

还有一条名叫钟家港的河，古河道编号 17。

这条河在良渚古城东部，莫角山宫殿区的东南脚下——也就是说，

离王很近。它南起良渚港，北接城内北区的东西向主干道（古河道编号 1）。这三条河，形成了城内的“工”字形主干道。

钟家港约 1000 米长，高考体测 1000 米满分的男生，他跑完钟家港，只需要 3 分 20 秒。不过，在古城内的人工古河道里，它算是比较长的，分为北段、中段、南段。

河道两岸分布着许多人工修筑的台地——也就是良渚人的居住区，钟家港就在李家山、莫角山台地与钟家村、石安畈、龙里台地的中间，是城里的南北向主干道。

这是一种临河而居的生活，但大家还没有环保意识，往河边倒垃圾，从良渚文化早期偏晚阶段开始，河道变得越来越窄，河床越来越

钟家港西岸台地的人工木构护岸遗迹

浅，人们开始扩张钟家港周围的居住区，叠压到了莫角山的东坡之上，形成了一片从莫角山一直延伸到东城墙的大台地。河的中段被人工建的土台截断，台地南北两段变成断头浜。在良渚文化晚期后段，河道被完全填平。一条河的生命，也是良渚王国 1000 年兴衰的见证。

河道里，也是人的一生。钟家港的南段和北段离良渚人的生活区很近，发现了陶器、石器、骨角器、漆木器等“垃圾”，还有大量动植物遗存，以及少量人骨。河道内还发现了人体的寄生虫卵，说明城内主河道某个时期的水质不怎么好，应该是粪便污水直接排到河道里的缘故，也说明河道并非良渚人的饮用水源。

而中段，因为挨着莫角山宫殿区，河道里发现了很多巨型木构件（124）木构件和废弃的木料，说明这个地方可能是木作加工区，通过钟家港的水路，人们把木料等运到宫殿区，用来建宫殿，这里可能是一处码头。中段就没发现什么生活垃圾，说明为了保证水上交通，这里管控比较严。

最重要的还是“假日市集”。

2016 年，考古队员在钟家港古河道南段发掘时，发现了大量玉料、玉石钻芯、燧石等跟制玉有关的遗物，还出土了木盆毛坯、骨角料等。东岸钟家村台地上与河道内，也都发现了和制玉有关的遗存，包括红烧土遗迹、燧石片、玉料、玉钻芯、石钻芯等，说明这处台地主要是玉石器制作的手工业作坊区。从这些线索可以看到，钟家港的制玉作坊可能专门负责钻孔流程，这就和塘山制玉作坊的性能和功能不一样。塘山做来料加工，对大块玉料的初步切割可能不在这里，这里比较多见的是与锥形器制作有关的残料，可能是做锥形器的作坊。（064）塘山

良渚时期的玉器加工存在着工序和器类的分工。从玉料的获取、

木盆毛坯

骨料

废玉料

玉钻芯

石钻芯

燧石

钟家港河道出土“垃圾”

搬运，到大料的成型，再到精加工甚至刻纹，并不在同一个地点进行流水线操作。不同器类的加工地点也不一样，在瓶窑吴家埠还出土过素面半成品琮、半截琮、管钻芯，说明瓶窑地区还存在着其它玉器器类的加工场所。

良渚古城内的东区分布着大量手工业作坊，百工云集，良渚人掌握着各种高端手作技能。人工制品里，发现了朱漆方形镂孔木托盘、漆觚、编织环、竹筐、独木梯等。比如，你要买石器，就可以来北段的工作室坐坐，这儿出土了石刀石铲石钺的毛坯。

2019 年上半年，考古队员继续在内城做探沟式的发掘，在毛竹山、高北山、沈家村等很多台地表土的良渚文化生活废弃堆积层中，都发

钟家港河道出土漆觚

钟家港河道出土编织环

钟家港北区出土石刀石铲毛坯等

现了和制作玉器、石器相关的成品和半成品，还有作为工具的磨石、燧石。

城里人是手工业爱好者，那么，城外的良渚人做什么工作？

2019 年下半年，考古队员在外城的盛家村、金家头、美人地、迎乡塘的台地进行了探沟发掘和试掘，也发现了同样的手工业生产活动遗迹。说明良渚古城核心区外，普遍开着手工业作坊区，尤其是玉器和石器的工作室，遍布外城，这是以前没有发现的。

而且，很多工作室专门做一种产品，比如石镞（箭头）、石钺，分工非常明确，做每一种玉器，都需要掌握不同的技能，当时的技术分工已经相当精细了。目前考古发现的手工业作坊都处于良渚晚期，可能到良渚晚期，手工业生产越来越成为良渚文明的重要基础。

木构件

| 史前最大、卯榫结构 |

钟家港中段的河道里发现了三根大木构件，属于良渚文化早期。尾端还有牛鼻形抓手，抓手里留下了藤条编的穿绳。这三根是国内新石器时代目前发现的最大的单体木构件，可能就用来建造莫角山上的宫殿。麻栎是良渚人广泛使用的木材。

新石器时代发展出来的南方大体量的木构建筑传统，和北方黄土高原的夯土建筑，融合成了我们后来说的“土木建筑”。而立柱和房梁之间需要卯榫结构固定，良渚人的木作技术怎么样？钟家港发现了

钟家港的巨型木构件

一根很特别的木构件，长 9.5 米，分布在古河道底部，上面凿了 39 个卯孔，间距相同，整齐划一。南端的树根部还没有切掉，有牛鼻孔。北端的尖端有一方形榫头。树种为槲栎。

这不是最复杂的。目前所知加工最复杂的木构件还是出自下家山。它在水埠头的桩基旁被发现，出土时斜立，可能是废弃后用来作木桩使用。看照片就觉得烧脑，它被加工成规整的扁方形，更复杂的是，身上凿出了企口、突榫、插销孔等多种接口的造型，像一个多功能转换器，这里 usb 插口，那里三孔，那里两孔。这说明，它需要和其它部件配合才能发挥作用，可见另外还有同样复杂的相应构件。

39 个卯孔的大木构件

下家山的“多功能排插”

南湖

| 厚厚沙土“床”里的幸存者 |

说到卞家山的市井气，不免想到余杭街道的南湖。和西湖一样，明清时它也是热门风景区，也有十字围堤，种桃种李种春风，文人都爱为它写点诗。

余杭街道地处南苕溪要冲，经常发大水，东汉有一个县令叫陈浑，他在溪南筑大塘以防水，又带着老百姓在南面筑上下南湖，围堤五十余里，用以蓄水分洪。虽然紧靠丘陵的南湖从东汉开始由人工围成，但它所处山沿地带一直是个滞洪区，水涨水落，河道摆动，泥沙沉积，大面积的古河床沙土里，埋藏了太多往事。发现故事的人，就是考古人。

2003 年 6 月，杭州市决定对余杭南湖进行综合开发，准备打造一个和西湖一样但有差异化的景观带，集分洪、滞洪、旅游、休闲、度假、人居为一体。但是，以前这里就有人挖沙，不断发现文物。2006 年，南湖湖区第一标段开挖，浙江省文物考古研究所和余杭区文管会与开发部门接洽，对南湖进行考古工作。当时主要有两个地点在采沙：一个是东部水产村的沙矿（编号 1 号），另一个是西南部第一标段开发区的沙矿（编号 2 号）。

人们是怎么取沙的？赵晔在现场看到，工作人员拿着大功率的水枪冲刷 1 号矿沙，形成的沙浆剔除杂质后，用大型水泵抽取，送到高处道路旁边一个人工围成的方形区域内散水沉淀，最终形成覆斗形的沙丘。买沙者只要将运输车开到沙丘旁，就可以把沙装走。水枪冲刷的时候，不断有文物露出来。他们站在旁边，眼看一个罐、一个石器、一个木器冲出来，于是，考古队不得不派专人每天蹲守沙矿。

冲沙作业

就这样，考古队从各采沙点采获了大批文物，年代可上溯到距今6000多年前的马家浜文化，陶、石、木、骨等都有，陶器碎片数以万计，完整和基本完整的编号器物达180多件。陶器有鼎、罐、钵、豆、盘、杯、盆、釜、双鼻壶、簋、盉、鬶、器盖等，那件著名的刻划了12个“宁”引发众多猜想的圈足罐，就是在这里发现的 刻划符号。（299）

石器有斧、锛、镞、凿、钺、耘田器、刀等。一件首次经科学考古发掘出土的良渚文化带木柄石锛，保存完好，“木质这么鲜黄的木柄”，赵晔的描述一点不夸张，这得感谢南湖古河道厚厚的沙土“床”，脆弱的有机质文物才能保存得这么好。良渚人的石锛怎么装柄，怎么使用，看它就懂了。

南湖出土陶器

木质遗物就更厉害了，数量约占编号器物的 1/3，有桨、耜、锄、锤、剑形器、屐、陀螺、杯、臼、扣榫、器柄、木构件等。

那把木剑在考古队下班后才冲了出来——已经晚上了（发现的人被奖励了 1000 块钱）。

86 厘米长的木剑，太漂亮了，跟历史时期的剑几乎一样。开始大家推测是不是汉代或者春秋战国的。我八卦了一下，赵晔允许我在书里委婉剧透，据说从测年来看，为良渚时期。

南湖出土木剑

说到木剑再多说一句，我们在良渚墓葬中看到的玉钺和石钺，按道理都应该能发现打仗的痕迹，但实际却无。那良渚人的兵器，是不是还有其他方向可以探索？庙前遗址出土过一把木矛，尖尖头上有烧过的痕迹。良渚人懂，把木矛放在火上烧，可以使矛尖变得坚硬，如果装柄，应该是把实用的兵器。

2007 年 7 月的发掘，基本探明了石山西侧的堆积情况，可分三个阶段：上层出土 60 多枚汉代五铢钱、角质祖形器，战国铜锸（chā）、铜铚（zhì）、硬陶盅，商代陶罐、陶鬲（lì）、石戈、石矛等；中层含大量螺蛳壳，清理出成排的木桩、竹篱笆、竹筏等遗物，出土马桥文化的鸭形壶、半月形石刀、石钻、骨镞等遗物；下层为良渚文化时期的堆积，分布在小山西侧的古河道边，发掘区东南部的堆积相对较厚。

马桥文化的竹筏保存基本完好，长约 2.8 米，宽约 0.5 米，也是一个重要发现。考古学家马上联想到，良渚古城的建筑材料也应用竹筏运输，因为竹筏可以纵向和横向拼接成宽体的长龙，而茅山那样的细长独木舟只能载人，显然无法胜任大规模的运输工作。竹筏 （131）

“冲刷”1 号矿沙时，发现了一处木构遗迹，由两排大木桩围护，内有横木、侧板和团块状夯土的台基，略呈东西向，总长约 12 米，宽约 3 米。大木桩直径 0.2 ~ 0.3 米，长逾 2 米。这一台基垂直坐落于古河道西半部，当时可能用来束水，过滤杂质，具有坝体性质。

南湖坝体木构

此外还有多处成排的小木桩，具体功能未知。早于排桩的两排竹篱笆也与古河道垂直分布，大致呈东西向，明显是栅栏一类的人工遗迹，很可能是用来水产养殖的护栏。

总结一下，地处南湖东南部的石质小山曾是古河道的要冲，古代先民在此展开各种生产活动。他们在古河道上筑坝设栅栏从事束水、分流、养殖等活动，他们也划着木舟或竹筏去捕鱼和航运。“南湖人”很聪明，充分掌握了自然规律，水位比较低的时候，他们在这里生产生活，水位高起来了有危险，就撤。他们知道何时洪水会来临，何时可以为生存创造财富。

所以，余杭南湖地区从距今 6000 多年前的马家浜文化时期就有大批先民在此活动，崧泽文化时期偶有先民涉足此地，良渚文化时期这里又成为重要的生产活动区，此后经马桥文化、商周一直到汉代（最晚到汉代），不曾间断。

竹 筏

| 一道工程量数学题 |

良渚时代没有车，除了步行，他们日常出行的交通工具是舟和竹筏。竹筏的发现，就在南湖。长 2.8 米，由 9 根竹子平铺，中间等距地用 5 道竹篾编扎而成，灵便轻巧。建城墙搬运石头，也要用到竹筏。顺着河流，划着竹筏，运上一船石头，到达城墙工地，开始铺石。这不是纪录片画面，不靠想象还原，而是科学推理与计算。

考古队员参考了如今的双溪漂流竹筏，单筏是 10 根竹子拼在一起，坐 5 个人左右，运载量在 600 公斤左右。两个单筏拼在一起就是双联竹筏，20 根竹子，可以坐 10 个人左右，运载量在 1200 公斤左右。经过换算，南城墙小垄的垫石重量和单筏吻合；南城墙大垄的垫石重量和双筏一致；而独木舟的运输量只够运小半垄石头，只有竹筏才具有这种装载能力。

所以考古人员推测，竹筏，尤其是双筏（偶尔用单筏），是良渚人运输石块的主要工具，尺寸大概 2 米多宽，8 米多长。这在良渚古城内外的河道里，畅通无阻，稳定性好，修修也方便。不像独木舟，载重小，稳定性差，破了还要砍树修补，很麻烦。

许红根根据遥感影像和地质考古钻探，基本复原了良渚时期的古水系，选择采石点与城墙的最短水路，恢复运输线路。2013 年的这次采石、搬运、铺装的全过程实验考古，就把石头装在竹筏上。

如果按实际情况，从山脚到城墙，有四五千米路程。为了计算方便，考古人员模拟了铺 2 平方米的垫石需要花多长时间，再通过换算，便能知道一个人一天的工作量。

如果不吃不喝，理想状态下，一个人完成一船石块的采集运输和铺装，大概要做 9 个小时，跟现代人的工作时间差不多。而铺完所有石头，总用工量为 8.4 万工。

除了铺石，还有工程更为浩繁的堆土，这才能完成城墙的修建。良渚人每天工作量巨大，加班绝对是家常便饭。

南湖出土竹筏

独木舟

| 它的老家在浙江 |

竹筏是良渚人的主要出行工具，比较稳，但独木舟偶尔摇摇荡荡，不晕船的话，也蛮有情调。

浙江有三条史前舟：萧山跨湖桥独木舟、余杭茅山独木舟和余姚施岙独木舟，所以，浙江是我国唯一考古发现明确的史前独木舟的省份。

跨湖桥独木舟，当然是老大，它是我国最早的独木舟，属于跨湖桥文化，距今约 8000 年，也是世界上最早的独木舟之一，材质是马尾松。

2010 年，茅山遗址发现了一条良渚文化时期的独木舟，和如今的独木舟样子差不多，全长 7.35 米，最宽 0.45 米，内深约 0.23 米，材质也是马尾松。这是良渚文化首次发现独木舟，也是目前国内考古发掘出土中最长、最完整的史前独木舟，距今 5000 年。出土之后，这条独木舟一直躺在浙江杭州临平一间厂房里进行保护，完成脱盐、脱水、修复等处理，现在你可以在位于临平的中国江南水乡文化博物馆看到它。

施岙独木舟，发现于施岙遗址古稻田良渚文化晚期田埂中，可能是残损后被用作了田埂的垫木，埋藏较浅，整体开裂较严重，仅保存船身部分，船头、船尾均不存，一端略上翘，可能已接近端部，材质为枹栎。

另外，田螺山遗址还出土了一件迷你版独木舟——河姆渡文化早期距今 7000 年左右的独木舟模型器，尖头方尾，中间是方形的船舱，已非常接近后世的木板船。

对于良渚人来讲，独木舟只是独木舟吗？

茅山出土的独木舟

独木棺

| 也是宇宙观 |

5000 年前，良渚人的棺椁什么样子？

在反山墓地剥剔墓内填土时，在接近随葬品露头的一段水平高度时，考古队员发现了淤泥和纵向的板灰（木头腐朽留下的灰状物）痕迹，板灰之上常有大片的朱红色涂层，棺床表面也能剥剔出板灰痕迹，说明墓内原来确实有棺木类葬具。

良渚人的葬具大部分都是独木棺，我们叫刳（kū，挖空）木，一根大的木头劈开以后，下面掏空，上面掏空，然后扣合在一起。但是一般我们看到的墓葬都烂光了，基本上看不出木质的痕迹。卞家山 61 号墓的棺木保存得很好，盖板跟底板都有，而且树皮的纤维都看得非常清楚。考古发掘最先清理出来的盖板的纤维就很清楚，而且因为它往上拱的盖板中间断了，塌下去就变成了两个弧形，像个 m。

卞家山 61 号墓

王和普通人的棺木有区别吗？

反山 12 号墓王的墓底“棺床”，凹弧形，像一个船底。上面放一个独木棺，外面再搭建一个长方形的木椁，用来保护独木棺。而在棺与椁之间，还有一定的空间，可以放随葬品。在反山高等级墓葬的棺盖上常常放三件玉柱形器（也称为琮式柱形器），而且是等距离隔开放。反山王陵等级排第二的 20 号墓，棺盖上就等距离放着三件玉柱形器。

你怎么知道呢？葬具不是大部分都朽烂倒塌了吗？

倒塌后，随葬品会从两侧向中部倾落，造成玉璧、石钺等部分器物因葬具倒塌撞击而破碎——倒塌的过程当然看不见，但考古人可以通过现场微痕破案。三件玉柱形器的位置明显高出葬具内出土遗物的位置，换句话讲，在这些高度上墓内的其他器物均未露头。

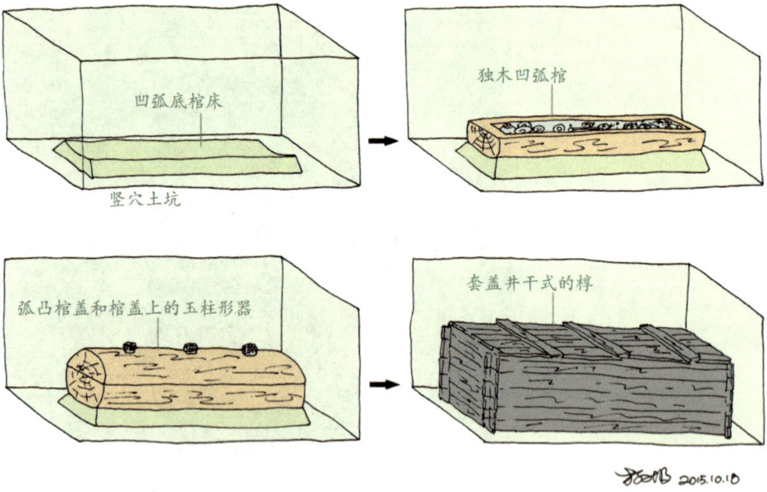

反山棺椁葬具示意图　方向明绘

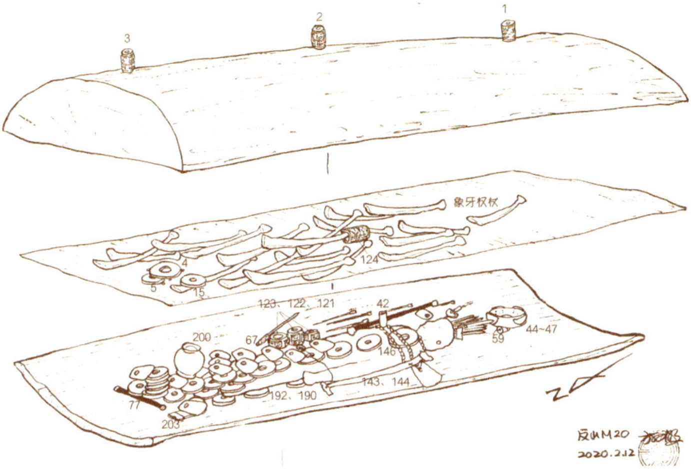

反山 20 号墓葬仪示意图　方向明绘

2006 年 4 月，良渚安溪后杨村发现良渚文化玉璧等重要遗物，其中 4 号墓是一座单体独木棺的显贵大墓，虽然葬具坍塌已经有点压扁，但考古队员还是可以清晰辨认并剥剔出弧凸状的棺盖。更重要的是，葬具坍塌时可能比较均匀，恰恰使得原来等距离放在棺盖上的三件琮式柱形器原样保存。这也再次实证了反山王陵发掘时的判断，20 号墓上的三件玉柱形器，确实放在棺盖上。

反山王陵的葬具是独木凹弧棺，而其他良渚墓葬使用的独木棺，形制不完全统一。比如海宁小兜里 33 号墓独木棺的两端上翘，跟独木舟很像。包括挡板，良渚庙前遗址 31 号墓发现了一具带盖独木棺，一端有挡板，另一端没有，而良渚卞家山遗址 56 号墓的两端都有挡板。

为什么良渚人要把棺材做成船的样子？良渚人的生死观，方向明认为，依然是萨满式的“三界宇宙观”。这在良渚人独家发明的玉琮上，有立体呈现。琮可以分为以旋转的中轴为核心的上中下三界，且上大下小，贯通天地人间。而琮王的神像两侧分别雕琢了两只鸟，神要借助鸟飞翔；而鸟，本就是飞翔在空中。再加上独木棺是独木舟的形式，带人们去往另一个世界，这也是良渚人天地宇宙观的表现。

良渚人在葬仪活动中，特别讲究藏。如果跟同时期距今 5000 年的其他文化比，你就会明显看到良渚最高等级贵族，他不要把所有的东西给别人看，所有的东西基本都放在葬具——一个独木棺里，很少有东西放在葬具外面，比如瑶山 M1 葬式最大的特点是在棺盖上放置了一个龙首纹玉镯。我们可以想象，良渚人的葬礼，没有墓道，也没

卞家山 56 号墓

有墓上建筑，只是一个土坑墓。棺材一盖，再是珠光宝气，跟参加葬礼的人没有任何关系，啥也看不到。

而跟良渚人形成鲜明对比的，就是同样距今 5000 年前后的大汶口文化。跟良渚同时期的山东济南章丘的焦家遗址，墓里分割了不同的空间，大型墓葬多有重椁一棺或者一椁一棺，放的东西也分层。大汶口晚期的墓地很多墓底有二层台，墓坑挖得超大。良渚人的墓都很小，一个人躺进去就差不多了，一个棺材大小。在其他考古学文化里，的确是通过仪式空间的公共性去表达社会关系的。

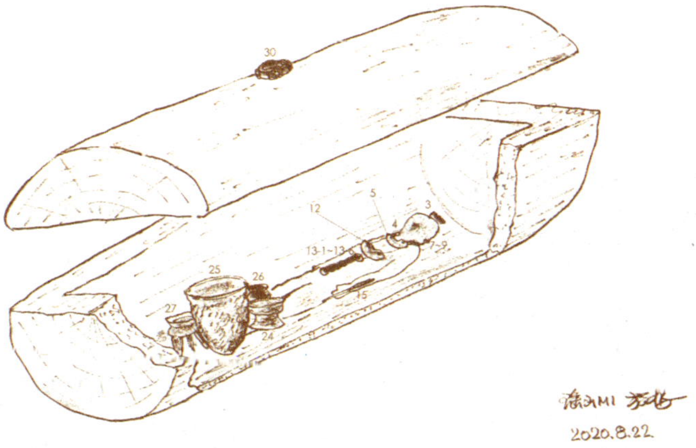

瑶山 1 号墓葬仪示意图　方向明绘

石 犁

| 良渚人的农具 |

良渚人种水稻的工具有哪些？

他们使用成套农具，石犁、半月形石刀、石镰等，用于耕种，收割。选料上，良渚人经常用角岩做石刀、石镰。而镰和犁的造型，也一直延续到今天，使用方法也一样，只不过石质换成了铁。

良渚人的“爸爸”崧泽人，已经开始使用石犁，男人用得多，虽然长兴江家山遗址崧泽文化时期灰坑出土了组合式石犁，但单体犁头尺寸不大，只有 20 ~ 30 厘米长。到了良渚时期，石犁体量大了很多，长度可以达到 50 厘米，浙江平湖庄桥坟遗址（良渚文化中晚期）出土了一件带木座的石犁，加上底座有 1 米长。这说明当时良渚已经有了大规模的农田，才需要这么大的农具耕作。

平湖庄桥坟出土大石犁

良渚文化晚期，石犁由原先主要分布于环太湖地区逐渐向浙东及舟山群岛扩散，目前石犁最南的出土地点是台州玉环三合潭遗址。

1938 年，施昕更《良渚》报告就提到茅庵前遗址出土的石犁，当时称之为“三刃有孔式”的石刀。但在之后的很长时间里，石犁并未被重视，而且往往与后来称之为“破土器”的石刀类工具混淆。1957—1958 年湖州邱城崧泽文化晚期 M4 首次出土石犁，在 1964 年严文明《新石器时代》的讲义中明确了这类石器，“呈三角形，刃部朝下，前缘尖锐，后端有一榫口，当为安柄所设，大约是用于松土的”。

有关石犁和破土器功能的争议一直存在。新世纪初，一系列考古遗址的发现为研究石犁提供了新资料。

2001—2002 年，桐乡新地里良渚文化墓葬中出土 2 件分体式石犁，首次在野外确认了分体式石犁的组装形制。2004 年，湖州毗山崧泽文化晚期 61 座墓葬中出土石犁 21 件，是迄今出土石犁最多的遗址。2005 年，长兴江家山崧泽文化地层中出土组合式石犁，是迄今首见最早的分体式石犁。2004—2006 年，平湖庄桥坟遗址 70 号灰坑底部中央发现一把带木质犁底的组合式分体石犁，是至今发现的最早的带木质犁底的石犁。对了，古城内发现石犁的概率比较低，因为古城内外目前还没发现水稻田，农业专家认为古城内很可能不存在水稻田，不需要干农活。比如卞家山遗址只发现了一块石犁尖尖角和一片被改制的石犁残片。

但是，良渚的石犁到底如何使用，犁耕用的是人力还是畜力，还没有很好的解答，有赖以后碰到好遗址。也有考古学家研究认为良渚时期还没有合适的牲畜拉犁，出土的圣水牛头骨还不好认定，牵引石犁的很可能是人力。

再讲一个特别的例子。

桐乡姚家山墓地，在桐乡市屠甸镇荣星村南星桥组，2004 年 11 月——2005 年 1 月发掘，发现良渚文化人工堆筑的高台墓地一处，清理良渚文化高等级贵族墓葬 7 座。

大墓中出了很多良渚文化大墓中常见的玉器器型，姚家山的墓主人也用良渚核心区的玉璧、三叉形器——三叉形器的边界到杭嘉湖平原为止，在此得到验证。再往北，上海人和常州人，上海的良渚人和常州的良渚人是不喜欢用这种头饰的。

姚家山是浙北地区近年来发现的最高级别的良渚文化墓地，墓主人也获得了这样一些高等级玉礼器，或者说，他们也有资格用，但同时，他们还做了一套自己的随葬品。墓中居然发现了两件玉刀（“耘田器”），其中一件顶部有冠状凸起，还出土了 5 把玉镰刀。这两类玉器在正式考古发掘中是首次发现。其中一把镰刀是左利手的，左撇子用，又是玉的，显然不是实用器。这是姚家山这个阶层社会内部的一种表达，要把生产工具也礼器化。

桐乡姚家山出土“玉刀”

“耘田器”

| 良渚人的农具 |

“耘田器”也是良渚文化特有的器型，但就像必须要加引号一样，它的使用功能乃至定名，从最初判定为垂直装柄的中耕除草农具，到后来被认为是手持的稻类作物收割工具，还没有定论。比如日本学者原田干则做了石器的微痕观察，发现“耘田器”是一种用于手持摘穗的爪镰。而大多数学者倾向认为，这种石器应该是处理和加工动物皮肉的。孔洞上穿绳子打结，大拇指套进，就可以分割肉食。赵晔发掘的下家山遗址发现了 6 件“耘田器”，却有 5 个品种，花样太多了。而且有的穿孔，有的不穿孔。有的是“斧头式”装柄，如果这是它惟一的装柄方式，那么“耘田器”是石刀的一种。

下家山出土耘田器

“破土器”

| 良渚人的农具 |

这也是良渚文化一种特别的石器，基本是个三角形，其中一边延伸出斜短把，打制为主，除了刃部，基本不做打磨。通过这个斜短把可以绑扎木柄，安装长木柄可以做削草的农具，安装短木柄的，有研究者认为可以做厨刀。

卞家山出土破土器

水　井

| 类型已经很丰富 |

相比水坝的“宏大叙事”，斗水、治水，控制社会稳定背后的思想大爆发，水井就属于小日子里的考究，生活良品，冰西瓜伺候——哦，西瓜还没有发现，冰冰葡萄大概可以。

凡井水处皆有良渚人。平时，他们在河里淘米洗菜洗澡喝水摸螺蛳，河水就是主要生活和饮用水源。但雨季来了，河水浑浊，受到污染，水井就成了主要水源。考古发掘良渚时期的水井形状大多为圆形或近圆形，偶见方形。可分为土井（纯土坑式）、竹筐或苇编加固的井圈式、木筒井圈式和木构井架式四大类。木筒井圈式在整个良渚文化区都可以见到，比较普遍。

带“井”字形木框架的水井，目前只在良渚遗址群发现，而且只有庙前遗址一处，1990 年发现一个，2000 年又发现一个。做法：先挖大坑，底铺沙砾土，再在上面架榫卯结构的“井”字形木框架，最后在坑壁和木构井圈之间填满带石块和碎陶片的土，可以过滤水。1990 年的“井”字形木井被一个木构窖藏套在一个圆形土坑里，木构框架在土坑口 80 厘米处才开始显露，一个方方的“井”字，边长约 82 厘米。里面发现了陶器石器木器 58 件，推测原来是井，废弃后作为窖藏储存东西。

2000 年发现的木井，内围边长 95 厘米的正方形，比之前这个再

庙前发现的水井

大一点。

照片拍好，解剖图画好，准备按编号起取水井。1月20日，星期四，上午冰冻。方向明一早到工地，民工大叫，塌方了。他跑去一看，心酸，马上回到驻地拿相机，眼泪快要掉下来。整个井架倾斜，从东向西，有些木构已经插入生土。技工马竹山掀开塑料布，大家不忍心看。方向明在日记里记录，中午吃饭精神很差，大家一语不发。当天下午，大家一起合力将所有的木构井架全部拆除，复原后一一编号，从2米多深的大坑里，把倒塌的百余斤重的木构扛上来，非常累。

旁边有一个看热闹的人，说了4个字：你们勇敢。天气很冷，大家跳下几米深的大坑里，因为民工大妈肯定扛不动，他们就吭哧吭哧把它扛起来，马上运到良渚文化博物馆去。井底特别重的那几根木构，是施时英扛的，扭伤了腰，落下了病根。

良渚文化博物馆早早做好了“急诊担架”，施时英提前做了一些马口铁的盒子，注上水，盛放井架，这对保存木器很有用。如今，它们依然安放在良渚博物院里。2020年，接收水井的盛正岗馆长不幸去世。

官井头遗址还发现了一个很高级的石砌遗迹，良渚文化晚期出现。不单单是一个井，它由石构水井、石砌水池、石礲排水沟组成，依山坡而建，地势逐渐降低。为什么要弄三个？不同的水质有不同的用途：地势较高的水井用来取饮用水，水池应对日常生活洗菜淘米，而经过排水沟排出去的水，可以再利用，如灌溉农田等。良渚人的科学意识非常强烈。从工程量和复杂程度来看，这比庙前的木构水井还要复杂一点。

官井头的水井

茅山水稻田

| 远郊的国营农场 |

良渚人的主食，就是稻米。这是良渚文明区别于中国及世界其它史前文明的重要特征之一。稻作农业，是良渚文化发展的根基，是国之根本。此前，我们的证据主要有两个，一是茅山遗址的水稻田，一是古城里发现的粮仓 ∞粮仓。大规模稻作农耕遗迹和大型粮仓遗迹 （089）等的发现，为后来申遗时世界遗产委员会的“良渚古城是稻作生产高度发展基础上的区域性文明”结论评语提供了硬核技术支撑。

目前，良渚古城内外还没有发现明确的水田遗迹，考古学家还在寻找。居住在城内的良渚人，很可能不耕种水稻，“城里人”并不从事农业生产。那么，城里如此巨大储备量的稻米从哪儿来？

2019 年之前，大家只有一个答案：茅山遗址，东距良渚古城约 30 千米的临平一带，属于远郊。茅山是座没名气的小山，海拔只有 48.4 米。2009 年 7 月第一次发掘，直到 2011 年 12 月，完成了三期发掘。这是一处依托茅山向南伸展的大型史前聚落遗址，总面积约 10 万平方米。北部地势较高的茅山南麓坡脚，是居住生活区（包括墓葬区），南部地势低洼的坡下，就是稻田区。分区如此明确，用术语来讲，在史前聚落考古中，茅山遗址是难得一见的兼具居住、墓地和农田区的聚落景观。

这个地方的烟火气没断过，持续了 2000 年。从马家浜文化晚期、崧泽文化晚期、良渚文化中期、良渚文化晚期延续到广富林文化，五个阶段，始终有人生活，其中良渚文化遗存最为丰富，马家浜文化遗存次之。也就是说，距今 6000 年前的马家浜人先到了茅山，开天辟地，良渚人在这里大显身手。

最重要的就是稻田。良渚文化中期的稻田，是条块状的，面积比较小，1 平方米到 40 平方米不等，田块之间分布着小河沟。而到了良渚晚期，形态也好，理念也好，大大提升。稻田规模大了，约 83 亩。此前小面积的条块状稻田，升级成了连片规整的大面积水稻田，田块面积在 1000 平方米左右。更重要的是，人们挖了一条东西向的河沟，把生活区和稻田区隔开，可以蓄水、防洪排水、灌溉，还可以用于日常饮用，洗洗刷刷。为了耕作方便，他们还挖了两条灌溉水渠，三条灌溉河流穿稻田而过，把稻田“切”成了四大块完整区域。田埂（或小路）也更考究，发现了好多条。

很长一段时间，人们认为茅山可能是良渚王国的“国营农场”。但现在搅局的来了，宁波余姚施岙水稻田刷新纪录了。

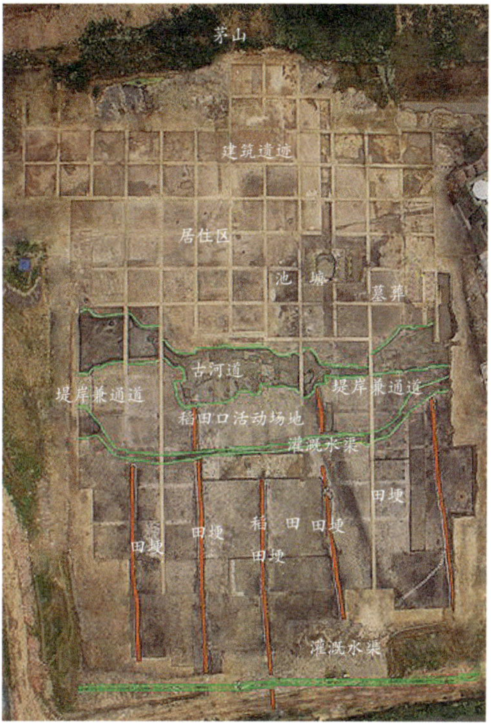

茅山遗址水稻田遗迹

施岙水稻田

| 史前最大古稻田 |

6000 多年前，他来这里种水稻，种得好好的，海水来了，稻田被淹。过了很久很久，她也来种水稻，结果又被淹了。又过了 1000 年，5000 年前，又来了一个他，继续种水稻，结果，海水又来了，水稻田再次被淹。

这是一个真实的故事。2020 年 12 月的一天，一位住在浙江宁波余姚的考古学家爸爸对儿子说。

这是一个循环了 2000 年的悲剧吗？

爸爸看着他："你可以换个角度想，这块地方，为什么被人类一次次选中，你的祖辈来了又走，走了又来，即便一次次流离失所，人也好，土地也好，依然生生不息，繁衍至今？"

那现在怎么样了？儿子问。

"现在……"爸爸笑，"现在，这块坚忍不拔的地方，被我们发现了啊。所以故事，就不止是故事了。"

一片沉睡了 6000 多年的古水稻田，考古学家叫它施岙遗址古稻田，这当然跟它所在的地方有关——宁波余姚三七市镇相岙村施岙自然村西侧，隐于一片幽静山谷之中。

水稻田里的一个重磅发现，让良渚考古人有点兴奋。2009 年杭州余杭（今属临平）茅山发现了良渚水稻田，十年后，再次发现了良渚时期的水稻田，而且是大面积的，自带道路设施和灌溉设施，呈"井"字形的，跟我们现在的水稻田已经很像了。

更重要的是，这片良渚时期的水稻田，是在余姚发现。

什么意思？

目前，全国已经发现良渚文化遗址 1000 多处，核心区，当然是以良渚古城遗址为中心，面积约 3.65 万平方千米的环太湖地区，光是杭嘉湖地区就有 700 多处。而余姚所在的宁绍地区，属于良渚文化的外围区或影响区，离良渚国王比较远。

为了配合相岙村地块土地出让建设，2020 年 1 月开始，浙江省文物考古研究所对此地做了先期勘探，发现了一坨黑褐色的淤泥。王永磊在隔壁田螺山遗址做调查勘探时，也发现过一样的土，他判断，这是水稻田堆积。

出让地块的面积是 32 万平方米，考古队员勘探发现，史前古稻田堆积分布面积有 8 万平方米，面积大得超过想象。

一系列“体检”后，稻田堆积中水稻植硅体的密度在 1 万～2 万粒 / 克，而我们一般确定水稻田的标准数据是 5000 粒 / 克。

土壤中筛选出的水稻颖壳、小穗轴和杂草种子

水稻田无疑。更惊喜的是，考古学家发掘揭露了史前三个时期的大面积的规整块状稻田。

河姆渡人的先头部队先来种地了——第一期稻田，属于河姆渡文化早期（约公元前 4300 年以前），发现了疑似田埂的凸起。过了 600 多年，最后一代河姆渡人也来这里种地了——第二期稻田属于河姆渡文化晚期（相当于崧泽文化阶段，公元前 3700—公元前 3300 年），发现了人工田埂和自然原生土埂。又过了 400 多年，这片水稻田最后

良渚文化时期的道路

良渚文化时期的木构路

的辉煌，最后的开发者良渚人来了——第三期稻田属于良渚文化时期（公元前 2900—公元前 2500 年）。

在同一个遗址内发现三个时期的水稻田，从距今 7000 年一直延续到 4500 年前左右，持续了 2000 多年，而且结构完备，面积如此大，这在目前为止中国乃至世界发现的早期稻田遗址中，是唯一的，也是面积最大的一处。

小时候写作文，尤其是描述田园风光，经常会这样说：阡陌交通，鸡犬相闻。这八个字，蛮好用，但有点虚，有时候只是为了表达一种闲适的乡村生活。

良渚人又要傲娇了，5000 年前，我们就已经阡陌了。

我请一位种水稻的良渚人来给大家讲讲吧——

刚才，这位考古学家爸爸讲了一个我的祖祖辈辈在此种水稻的故事。当年，海水来了，没法耕种，人们只好走了。海水退下，又形成湿地环境，祖辈们又看中了这里，种植水稻，前前后后起码有三次。这里的环境变化对我们的生活产生了很大的影响。如果不是因为受到海平面的波动影响，这里是一个很稳定的生态系统，非常适宜人类居住和耕种。

上一辈人“崧泽人”离开了之后，我们来到了这片山水环绕之地，这里实在是太适合生活和种水稻了。

我们重新平整土地，把田划分为长方形或者正方形的一个个田块，纵横交错，类似于“井”字形，跟你们现在的稻田很相似。而且，田块的面积非常大，最大的一块有 1900 平方米，最小的也有 700 多平方米。

更重要的是，为了方便日常农事操作，我们开发了你们说的阡陌——农田里的道路系统，凸起的田埂，南北东西向纵横交错，组成“井”字形结构，明确的田埂（局部区域铺垫木头）有 22 条，宽约 1 ~ 4 米，间距在 15 ~ 40 米之间。

除了阡陌，我们还贴心设计了灌溉系统。

你们是不是发现，从一块田埂到另一块田埂，不能相连，中间有小缺口。是的，这是我们留下的小心机——灌排水口。灌溉的时候，把田埂弄个豁口，水就可以从一块田流到另外一块田里去，用于堵水、灌水、排水，现在水稻田的灌溉也是这样。

而你们之前在余杭发现的茅山水稻田，缺少了东西向的田埂，只

施岙遗址水稻田的“阡陌”

发现了南北向的田埂，还画不了井字，我们可以哦。而且年代比茅山还要早。

那么，水稻田是什么时候被废弃的呢？

考古队员在稻田上面，发现了泥炭层，茅山水田也有。

什么叫泥炭层？

施岙村现在也种水田，水田边上有一片树林，树叶落下，地上的草烂了。春天长，冬天枯，时间久了，会形成一种泥炭层。而在施岙水稻田的泥炭层上面，就是一层洪水淤积层，茅山水田也一样。测年显示，这层泥炭层距今 4500 年～ 4300 年。

这便是它的废弃时间，使命终结。

听完了这位良渚人的自述，你是不是对余姚这块水稻田有了一个直观的感受，良渚人设计了一套比较完善的稻田系统。

现在有了茅山遗址和施岙遗址两个良渚时期的水稻田，更加可以说明，农业生产在良渚整个社会经济发展中占有重要的地位。余姚并不是良渚文化的中心区域，还有这样大的水稻田，说明宁绍地区在良渚时期的稻作农业也相当发达。这也为我们认识中国水田农业发展的历史，增加了新材料。

余姚发现了这处大面积的水稻田，比茅山水田还要大，年代也早一点，是不是直接供应给城里人？它难道才是国营农场？

不要急着下结论。秦岭认为，宁绍地区整体在良渚阶段的社会发展，获得玉器（权力）等社会资源的能力，跟环太湖地区目前看无法并论。因此对施岙良渚水田的认识，需要在本身综合研究的基础上，同茅山水田至少在各方面比较和分析以后，才会更有底。

叁 LIANGZHU DICTIONARY THREE

古　荡

| 浙江考古的先声 |

1926年，山西人卫聚贤考入清华国学研究院，跟吴金鼎、王力同一届同学，当时的清华国学研究院由梁启超、陈寅恪、王国维、赵元任组成了豪华导师团，还有特约讲师李济。卫聚贤专修中国上古史，由王国维指导，但受李济影响很深。毕业后担任南京古物保管所所长。

1936年2月，卫聚贤和蔡元培、于右任、吴稚晖、叶恭绰等人正在筹备民间学术团体“吴越史地研究会”，8月30日正式成立，蔡元培担任会长。这是专门致力于统筹协调考古发掘、研究吴越古文化的学术性社会组织，推动和指导了长江三角洲地区各项考古活动的开展，促进了江南吴越古文化的研究和宣传。

一天，国民政府立法委员何遂拿了3件石镞给卫聚贤看，说在杭州古董市场买的，他觉得是新石器时代的东西。5月24号，利用去杭州推进筹办吴越史地研究会的机会，跑到古董市场，果然发现石器，辗转打听到是在古荡杭州第一公墓工地出土的。

他去了公墓现场，从工人手上购买、采集到一些石器。当时他已经不在古物保管所任职了，跨界金融，是国民党监察院审计科长兼驻外稽查委员、中央银行经济研究处专员和协纂。他找到了省立西湖博物馆，约定共同对古荡进行试掘，定在5月31日。这天，卫聚贤晚上要到杭州市青年会做一个演讲，其实是顺便来试掘的。

5月31日，“我应杭州青年会讲演之约，与金祖同、乐嗣炳先生同去，并与西湖博物馆商定合作，故同西湖博物馆馆长董聿茂先生及文化部主任胡行之先生，与其职员施昕更、刘清香、王维黾先生等，雇了十二个工人，于公墓内试掘了三个坑，公墓外试掘了一个坑，共得到石器六件，陶片三块”。

杭州第一公墓地图

董聿茂和卫聚贤在古荡遗址合影

胡行之主任与金祖同先生监督发掘时情形

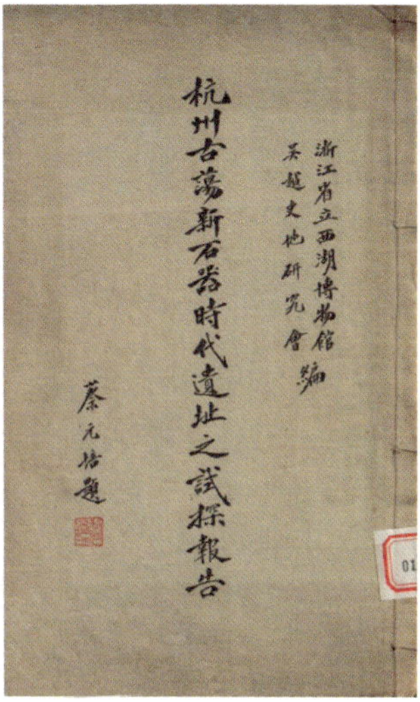

古荡试探报告

一天下来，挖的、捡的，总共 6 件石器，3 块陶片。卫聚贤其实中午就回旅馆准备晚上的演讲了，就呆了半天。《杭州古荡新石器时代遗址之试探报告》里，把发掘出土品和之前卫聚贤、胡行之几次采集及购买的东西一并发表。石器倒大都是良渚文化的，陶器几乎都是商周印纹陶，还有汉代的瓷器。可见，这一天的发掘有点挖宝性质，应该没有什么地层区分，不能算是一次科学发掘。所以学术界并没有把古荡的试掘作为良渚考古的开端。

古荡没挖到点子上，但启发了一个人。

参加这次没有中央古物保管委员会采掘执照的古荡“非法”考古的“考古”队员有：卫聚贤、董聿茂、胡行之、乐嗣炳、刘清香、金祖同、施昕更、王维亀、周泳先，共九人。

1953 年杭州老和山遗址出土石钺

施昕更是地质矿产组的助理，原来当过绘图员，馆方原意是派去协助绘制地层图的。没想到，这个仅一天的发掘完全改变了施昕更的学术道路。他想起老家良渚就有这类石器，第二天，6 月 1 日，他急（165）急回到良渚去收集，“我也颇有一种热切的心情去注意”。施昕更

1953 年，浙江大学建校舍，也就是现在的浙大玉泉校区。浙江省文物管理委员会通知华东文物工作队前往清理。第一次清理的位置，就在第一公墓的遗址北区的南半部分和遗址南区一部分。遗址跨度大，从马家浜、崧泽、良渚（包括钱山漾阶段），一直延续到商周两汉。老和山（古荡）遗址坐落在 U 形的山前台地上，坐南朝北。

那时候，江南新石器时代很大程度上被认作中原夏商时期。那次发掘，实际已经出土了良渚文化玉器，比如玉璧，那当然是墓葬的随

1953 年杭州老和山遗址

葬品，但当时未能及时穷究。“我什么也不知道，”牟先生后来回忆，每周例会上都会宣布：马上就要进入文化层，“可是直到工程结束，仍然没有看到文化层究竟是什么样子。”

一年后，牟永抗在北京参加了考古培训班，当时很为自己有了“考古经验”而自喜。班主任裴文中先生上第一课讲中国考古学的历史，课间休息时，他问：“裴老师，杭州老和山的发掘，你为什么没有讲？”

裴文中大声回答：“老和山不是考古发掘，那是捡东西。”这句话，对牟先生的刺激很大，原来，考古学不是这么回事。

《良渚》

| 第一部良渚考古报告 |

良渚博物院的展柜里，存放着一本考古报告《良渚：杭县第二区黑陶文化遗址初步报告》，是毛昭晰捐赠的原版。

这是良渚考古的开端，是浙江新石器考古的开端，也是中国考古学史上具有代表性和划时代意义的经典著作之一。

但翻开报告，扉页和卷首语却不见一本专业考古报告的格式、术语和理性。扉页写着一句话：仅以此书纪念我的故乡。

1937 年 4 月，施昕更其实已经写完了《良渚》报告，准备交杭州的印刷厂付印，后来因为制图版很费周折，照片制版交给了上海的中国科学公司。7 月 7 日，“卢沟桥事变”爆发，西湖博物馆为躲避战火，必须南迁，可是此时，《良渚》报告还在印刷之中。施昕更独自暂避良渚，坚持继续负责印刷的工作。但战火还是烧到了杭州。1937 年 12 月 24 日，杭州沦陷。《良渚》的印刷被迫中断，没有印成，连已经制好的图片锌版也无法带出。他不得不抛弃相依为命的研究室，但这份报告，决不能丢——“科学工作者必须以‘最后一课’的精神，在烽火连天中继续我们的工作。”他写道。

施昕更把报告的校样寄存良渚，自己带着一部《良渚》旧稿，赶去博物馆所迁移的驻地。此时，博物馆已经迁到兰溪。看到稿子完好无损，馆长董聿茂决定再度印刷。但是，战事紧张，只有两三百块馆费，馆里还有 5 个工作人员需要生活，重印根本没有经费。

董馆长带着稿子冲到已经迁往丽水的浙江省教育厅，以珍惜学术著作为重，要求拨款付梓。秘书长看完稿子，同意由浙江省教育厅出资印刷。这就是为什么《良渚》报告的封面上，印有“浙江省教育厅”的原因，不仅仅是“出版”这么简单。此时，陆路已经不通，只能走海路。温州是无法印了，只能去上海。施昕更的好友兼同事钟国仪带着稿子，绕道温州，乘船去了当时已经是“孤岛”的上海付印。同时，又委托著名考古学家、时任“吴越史地研究会”总干事的卫聚贤先生校对。

国难当头，田野考古活动几乎完全停滞的中国，个人都难以保全的时刻，一部考古报告竟活了下来。1938 年秋，《良渚》报告由上海的中国科学公司印刷出版。

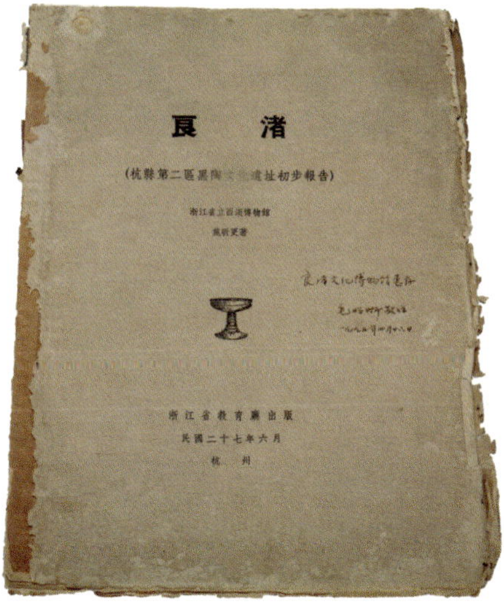

《良渚》发掘报告

施昕更当年试掘的12处遗址地点，没有一处叫良渚，为什么考古报告定名为“良渚”？他想到：最新的考古报告都以地名为名，他仿照《城子崖》定名为“良渚”。“遗址因为都在杭县良渚镇附近，名之良渚，也颇适当。渚者，水中小洲也；良者，善也。”

为什么严文明和夏鼐在为这一文化命名时，没叫“古荡文化”，而命名为“良渚文化”？

考古报告是考古学语境下的专业工作报告，从这点上看，毫无疑问施昕更的《良渚》就是第一部良渚的科学考古报告。

施昕更代表专业单位，持有主管部门的发掘执照，严格按照考古体例编制，写成时间为1937年春，但因为战火，直到1938年由迁徙的浙江省教育厅出资，才重新获得印刷的机会，这是官方行为。

《良渚》是他三次对良渚遗址发掘基础上，按照考古报告规范格式写就的考古报告，科学性得到考古学界肯定。所以，施昕更是良渚遗址第一次考古发掘的主持人，《良渚》是良渚文化第一部考古发掘报告。

《20世纪中国知名科学家学术成就概览》考古学卷的第一分册，“施昕更”条目，蒋卫东撰写，最后一段是这样的：

《良渚：杭县第二区黑陶文化遗址初步报告》超越了同时期的《杭州古荡新石器时代遗址之试掘报告》和《杭县良渚镇之石器与黑陶》，成为揭开江浙地区远古文化面纱的最经典的早期考古发掘报告，也是中国考古学初创时期继《城子崖》之后第二部史前考古专刊。施昕更凭借报告和他在良渚文化考古方面的开创性工作，奠定了“良渚遗址的发现者”和“良渚文化的发现人”的学术地位。

施昕更

| 良渚文化发现者 |

施昕更出生在杭县（今杭州市余杭区）良渚镇，父亲施甫才在镇上开茶店。施昕更 7 岁进入镇上的杭县瓶窑区立第二国民小学读书。小学毕业后，父母借了学费，送他到杭州上中学。

施昕更并不是考古科班出身，但他会画画。

原余杭县文管会办公室副主任王云路，1990 年左右因为建良渚文化博物馆（良渚博物院前身），去北京常书鸿家里恳请题词，常书鸿跟他清楚地提到，曾经教过施昕更画画。施昕更的同学姚今霆在《施昕更小传》中写道：

中学毕业后，施昕更考入浙江省立高级工业学校艺徒班，系半工半读。该班分金工、文工 2 组，施昕更本着自己的旨趣，选读文工组，专攻绘图；除正课外，他还兼习国画和西洋画。该校系由浙江大学代办，著名敦煌艺术专家常书鸿，那时就在该校兼课，施昕更曾亲受他的教育。

施昕更

1929 年 6 月，杭州举办第一届西湖博览会，施昕更的绘画功底派上了用场，当上了西湖博览会艺术馆甲部的管理员。第二年，浙江省政府决定利用西湖博览会博物馆原有的那些陈列品，建立一个永久性的文化教育机构，名“浙江省立西湖博物馆”，也就是现在的浙江省博物馆前身。施昕更在地质矿产组任绘图员。除了绘图，他在西湖边，灵隐飞来峰、宝石山等采集岩石标本。

（157） 1936 年，杭州古荡 古荡，也就是现在的浙江大学玉泉校区，因为要建造杭州第一公墓，动土时出了一些石器，引起了筹备中的吴越史地研究会的注意。

经卫聚贤倡导，5 月 31 日，由浙江省立西湖博物馆和吴越史地研究会合作对遗址作了一天的试掘。本来，西湖博物馆派施昕更参与古荡发掘的原意，是让他绘图记录发掘的地层，但施昕更“不务正业”，见到古荡已搜集的石器后，觉得太熟悉了，在他的故乡良渚，已经是司空见惯的东西，他觉得应与古荡出土的石器有着某种内在的联系。古荡试掘后第二天，他迫不及待回到故乡良渚搜集，除了石铲之外，又得到许多不同形制的石器。

同年 7 月，他再次回良渚，终于捡到了几件粗糙的石器，他马上给自己提出了研究课题：石器和玉器究有何种内在联系？有石器和玉器发现的地方，到底是古人的生活区还是墓葬区？

11 月 3 日，他在良渚附近的棋盘坟的一个池塘里（因农民戽水灌田，池水已干），发现了几块黑色的陶器碎片。开始以为可能是乌甏的碎片，因为良渚西北的瓶窑镇曾以烧制优质乌甏出名。他带到杭州同别的陶片进行比较，又参照考古书籍加以研究，才知道这是一种黑陶碎片。他捡到的陶片有石器在同处发现，而山东龙山城子崖遗址的

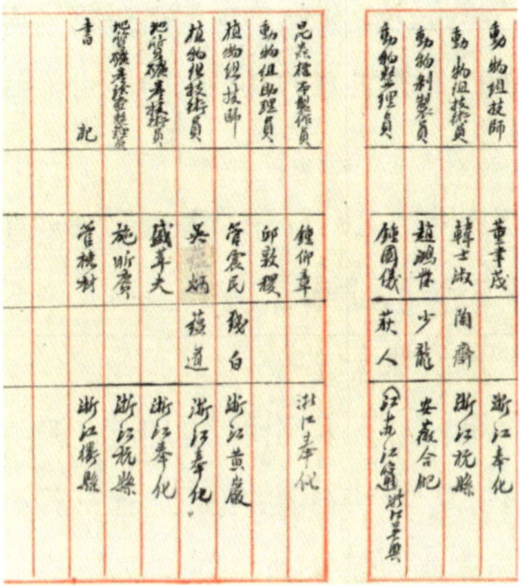

動物組技師	董聿茂		浙江奉化
動物組技術員	韓士淑	陶齋	浙江杭縣
動物剝製員	趙鴻世	少龍	安徽合肥
動物整理員	鍾國儀	荻人	江蘇江寧
昆蟲標本製作員	鍾仰韋		浙江奉化
動物組助理員	邱毅櫻		
植物組技師	管震民	白	浙江黃巖
植物組技術員	吳 嫡	蘊道	浙江奉化
地質礦產技術員	盛莘夫		浙江奉化
地質礦產採集管理員	施昕更		浙江杭縣
書記	管桃樹		浙江僊縣

施昕更档案

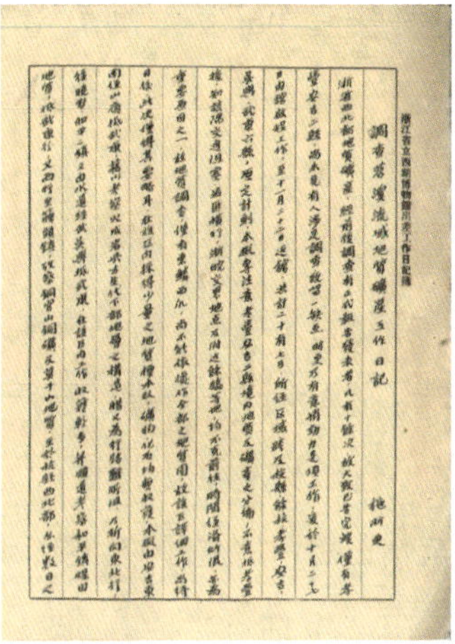

施昕更苕溪地质调查日记

施昕更绘制的地质调查路线计划图　均浙江省博物馆藏

遗物出土状况也是如此，这引起了他的兴趣，他认为良渚很可能与城子崖一样，是一个古文化遗址所在地。他的注意力从石器转移到黑陶上来。

他向梁思永、董作宾等考古学家讨教，以《城子崖》这部经典的考古报告为范本，开始整理黑陶与石器，撰写考古报告。

有人会问，为什么施昕更当时没有发现玉器？

施昕更发现良渚遗址，受到了《城子崖》发掘报告的启发，加上杭州古荡遗址发掘的经验，他特别注意黑陶和石器的关系。在石器一节中，35 件石器描述都做了材质鉴定，并列了专门的“质料”一节，简略罗列了主要岩性和器类的对应关系。虽然他知道家乡出土过玉器，但当时人们都以汉玉视之，而城子崖又没有发现玉器，所以他也没有把两者联系起来。在《良渚》报告的“其他类”章节中资料性收录了 2 件良渚玉璧。

董聿茂对施昕更的新发现非常重视，由馆方依照当时国民政府颁布的《古物保存法》第八条之规定，呈请中央古物保管委员会，取得采掘执照。1936 年 12 月 1—10 日、26—30 日，1937 年 3 月 8 日—20 日，施昕更先后三次代表西湖博物馆对棋盘坟、横圩里、茅庵前、古京坟、荀山东麓以及长明桥钟家村等六处遗址进行了试掘，获得大批黑陶和石器，并且，这期间经调查，发现了以良渚为中心的十余处遗址。这是他 28 年短暂人生中唯一的田野考古，也是良渚文化的首次科学考古发掘。

1938 年五六月间，施昕更投笔从戎，担任浙江省瑞安县抗日自卫委员会秘书一年后，忽患猩红热并发腹膜炎，1939 年 5 月 29 日下午2时30分，施昕更在瑞安县立第二医院二号病房去世，年仅28岁，遗有一妻一子，子仅8岁，名叫施忆良——良渚的良。

施昕更葬于何处？孙子施时英至今还在寻找。

施昕更和董作宾
在棋盘坟遗址

1936年施昕更
发掘出土的黑陶壶

草鞋山

| 良渚文化第一座大墓 |

良渚的第一次，跟阳澄湖大闸蟹有关——哦，来自阳澄湖畔。

草鞋山遗址，位于江苏省苏州市东郊阳澄湖南岸，原属吴县唯亭乡。上世纪三十年代，出土了璧、琮、钺、镯等大量玉器。1956 年冬，江苏省文管会进行文物普查时，由赵青芳先生调查发现并确认。1972 至 1973 年间，由南京博物院主持，进行了两次考古发掘，面积约 44000 平方米，文化堆积厚度达 11 米以上，是环太湖流域典型的新石器时代文化遗址。良渚文化、崧泽文化及马家浜文化遗存，从上到下依次叠压，文化层几乎跨越太湖地区新石器时代到先秦历史的全部编年，为太湖地区古文化发展序列的建立提供了依据，所以它有个昵称：江南史前文化标尺。

草鞋山遗址最为重要的良渚文化遗存，就是 198 号墓，墓内可见三组聚集放置的随葬器物，其中玉器种类多样，包括钺、斧、璧、琮、镯、珠、管、锥形器等重要的玉质兵器、礼器与装饰品，从随葬斧、钺类分析，墓主应该是一个男人。

这不是重点，重点在于，这是良渚文化研究历程中第一次真正意义上发现的大型高等级墓葬，“里程碑”三个字，不是套话。

为什么是第一次？人们这才知道，喔，它们不是周汉古玉，过去被乾隆皇帝当成汉代宝贝的那些玉器，居然都是新石器时代的，我们这才第一次确定了琮璧的年代坐标，不是汉代，而是距今 5000 年左右的良渚文化时期。

但是，当时考古学家还没有认识到良渚大墓是埋葬在人工营建的土台上的。

1970 年代到 1980 年代初，良渚考古发现似乎特别青睐江苏的考古学家，有点开挂的意思。比如常州武进寺墩、张陵山等。

草鞋山 198 号墓

第一件考古出土的良渚文化玉琮

寺　墩

| 常州良渚国 |

反山和瑶山发现以前，江苏和上海的考古学家在良渚考古上的发现，并驾齐驱。比如寺墩遗址，位于江苏省常州市东北，原属武进郑陆镇三皇庙村。遗址中心原为一直径 100 米、高约 20 米的土台，后因取土制砖遭受严重破坏。1978 年—1995 年，在长达 17 年的时间里，由南京博物院主持对寺墩遗址东侧陆续进行了五次发掘。

寺墩遗址东部清理出土四座良渚文化高等级墓，东西向排列，和后来发现的良渚遗址群中反山、瑶山的埋葬形式一样。寺墩大墓中的随葬器物以玉器为主，普遍使用璧、琮等高规格玉礼器随葬。不过，前三次发掘所得 M1、M3、M4 没有做出墓坑 (032) 平地掩埋 。

20 岁，男性，他所在的墓，命名为 M3，是寺墩遗址中唯一保存有部分残骨者，可见头骨、肢骨残块和趾骨，股骨有明显的火烧痕迹，葬式基本呈仰身直肢。

寺墩 3 号墓

我们不知道 4000 多年前他发生了什么，但可以肯定，他的身份太高贵了，随葬玉璧 24 件，玉琮居然有 33 件，数量之多，完全可以与良渚古城遗址媲美，这也是目前所知该地区（长江南岸到苏州以北地区）良渚晚期等级最高的墓地。如果反山 12 号墓主人是良渚文化中期阶段的“王”，寺墩 3 号墓主人就是良渚文化晚期阶段的“王”。那么问题来了，寺墩遗址和良渚古城遗址什么关系?

讲到以寺墩为代表的常州遗址群，秦岭叫它“常州良渚国”，她认为，这完全是一个可以跟“余杭良渚国”平行的聚落社会的结构。尤其是最新发现的高等级公共建筑工程的营建方式上，也跟莫角山台地一样，下面用淤泥把山体堆到你要的高度，上面用运来的黄土把它一层层堆筑起来，在建筑的边上会有砌石的现象，把建筑范围框定起来，莫角山也有这样的淤泥层，上面再覆盖黄土层，大莫角山边上也有这样的砌石堆积，这说明它背后强大的社会组织能力。

再看出土的玉器。寺墩遗址玉琮的用料造型都有自己特点，秦岭认为，寺墩应该有独立于古城的制玉集团和资源技术体系。它发现的年代比反山、瑶山要早，发现的时候大家觉得非常惊讶，以为良渚人是这样用玉器的，它的表达方式跟良渚遗址群里高等级王陵的仪式空间不一样，用了大量的高节琮，乱七八糟地堆在一起——出土了 32 件复式节高琮，最多的 15 节，器形最高的 33.5 厘米，各琮节高度差基本在 0.1 毫米左右，极其精准，可见当时已经完全具备精密测量的几何工具和原始度量衡。

最特别的是，像石锛、石刀等生产工具也在墓葬里。良渚王看到了，会不会嫌弃?

在良渚遗址群里，不管是低等级还是高等级，男人多随葬一种石器，就是石钺。但在寺墩，墓葬里会看到各种各样的石器。说明在这

寺墩遗址出土良渚文化玉琮

样一个高等级的社会背后，也有自己的制作传统，附近也有制玉作坊，通过成分分析，可以知道它的产源，多是阳起石料，跟良渚遗址群最高峰的透闪石不一样，它的含铁量比较高，所以它有自己的生产流通体系。而这套体系除了自己用以外，也加入到整个环太湖的关系网络中。比如，寺墩的器物也出现在了上海福泉山。年代略早的高城墩遗址，出土了跟良渚遗址群里最早期的瑶山遗址完全一致的玉器，这是良渚古城里的国王直接赏赐给"诸侯"的高等级成品吗？

福泉山

| 土筑金字塔 |

福泉山遗址，在上海青浦区，20 世纪七八十年代经历了 4 次发掘，成为上海地区最高等级的良渚文化聚落，也是环太湖地区新石器时代延续使用时间最长的墓地之一。尤其是 1982—1984 年，福泉山又发现了一批良渚文化时期随葬大量玉器的高等级墓葬，出土了后来才见于反山、瑶山玉器上的鸟形象玉琮。

福泉山墓地的良渚文化墓葬大致可以分为良渚文化早期及晚期的两大阶段，权贵墓葬大都属于良渚文化的晚期阶段。

考古学家复原的，是我们所不知道的“历史”。他们发现，这个土墩的堆筑层次年代居然有错乱。第一层是距今六七千年的马家浜文化堆积，第二层是距今五六千年的崧泽文化堆积，第三层是距今四五千年的良渚文化堆积，接下来，又是崧泽文化早中期堆积。看来，有人把附近一个遗址的泥土搬移了过来，在此处原有的崧泽文化遗址上又堆筑了一个高台墓地。显然，这是人们花了大量劳动力堆筑的，而埋葬的又是自己人——良渚贵族。如此重要的线索，考古学家在 5000 年后发现了。

此前，张陵山、寺墩等重要发现，还没有发现良渚文化人工营建土台这一重要现象。上海的考古学家突破了这个难点，首次确认了“从别处搬来的堆土”“堆筑土墩”形成福泉山良渚文化墓地这种遗迹现象。福泉山遗址的发现，第一次从考古地层学上明确了这件事：人工堆筑的高台墓地，是良渚文化权贵墓地的主要埋藏方式。

1984 年 11 月，苏秉琦先生在“三古”会议——“太湖流域古动物、古人类、古文化学术座谈会”上有一个讲话，点赞良渚文化在中国古代文明史上是个熠熠发光的社会实体，他把福泉山一类的高大土墩比喻为“土筑金字塔”——这个著名的昵称，由此得名，托了福泉山的福。

这在良渚学术史上是一定会被讲述的——福泉山为接下来反山等权贵墓地的发现，做出了重要铺垫，提供了重要的经验和线索。很快，浙江的考古学家要发动了，一发动，便是石破天惊，也成为良渚考古
(046) 的转折点。⊂⊃反山

再多说一句良渚人建的高土台。不管最后做成哪种形式，顶部台面上都会埋一批良渚文化墓葬。这种人工营建的“坟山”形式的墓地，已成为良渚文化特殊的埋葬制度。在太湖流域，目前经过考古发掘或者调查确认的加起来已超过百处。这种埋葬形式起始于崧泽文化阶段，在嘉兴南河浜、安吉安乐、海盐仙坛庙等崧泽文化墓地都发现了人工营建的土台。良渚文化阶段，除了少数墓地外，几乎都是这种“坟山”形成的墓地。

虽然都是土筑的台子，但福泉山墓葬分布跟反山不一样，竖向排列，反山瑶山都是横向排列，埋设制度与古城有所不同。

再看他们随葬的一套玉器，很多跟反山、瑶山、寺墩一样，也有做得很高级的玉器，这些玉器跟良渚古城发现的玉器，纹饰和背后的母题是一样的，但制作工艺不一样。最简单的例子，福泉山玉器上的鸟纹是阴刻的，而良渚遗址群里的鸟纹是浅浮雕的，会凸出来，说明制作工序和工匠传统不同。

另外，墓里还会出现“福泉山人”喜欢的绿松石——绿松石质的串珠或镶嵌饰片。这些绿松石并不是本地的料，来自湖北。反山 21 号墓也放了 10 件绿松石饰件，有镶嵌片和球形隧孔珠，和福泉山差

不多。但是，良渚文化墓葬中出土绿松石的数量极少，器型以镶嵌片和管珠类为主。当时人们是怎么获取的，未知。

另外一个特殊的地方，他会用陶礼器来表达自己的身份。鼎、甗、豆、盘、壶、杯、罐、盒、簋、熏炉等各类陶器，制作非常精美，出现在了福泉山高等级墓地里。但是在古城里，精美的陶礼器不会出现在墓地里，只有生活中才会用到。

而且，M67 中出土了一件彩陶背壶，形态和山东大汶口、江苏花厅等遗址发现的随葬品完全一致，说明福泉山聚落远程交流的能力很强。再进一步细想，如果大汶口也接受一些良渚文化因素，那么像福泉山这样良渚文化的区域中心，他们也愿意用外来的资源和奢侈品来表达身份。但是，在良渚遗址群里，就没有这样的表达方式，比较排外。

还有，福泉山、赵陵山遗址都有殉葬现象，瑶山、反山墓葬为什么反而没有？

上海福泉山 139 号墓人殉与大口缸

方向明说，福泉山的用玉制度，无论从材料还是规范，都与良渚遗址群这个中心若即若离，说明次中心与中心之间的文化传统在地域上的差异。

吴家场

| 完整的豪华象牙权杖 |

福泉山遗址吴家场墓地，距离福泉山墓地以北只有 250 米。2007 年，良渚古城的发现为探索良渚文化的聚落布局提供了新的线索，在此启发下，上海博物馆对福泉山遗址进行了全面的考古调查和考古勘探，初步确定遗址面积约 100 万平方米。调查过程中，吴家场地点由于地势相对较高，被列为了重点勘探对象，经过考古勘探和发掘，确认吴家场地点是福泉山遗址的又一处良渚文化权贵墓地。

2008 年和 2010 年，吴家场墓地进行了两次发掘。2008 年度发掘发现的 204 号墓有宽大的弧形木棺作为葬具，可以分辨出两具人骨个体。2010 年度发掘发现的 207 号墓，也使用弧形木棺作为葬具，棺外陪葬了 6 条狗。

吴家场的发掘创造了上海考古史上的几个第一：第一次把良渚文化
墓葬整体提取到室内清理，用现在通行的话语，就是“实验室考古清理”；
(207) 第一次较为完整地提取和修复神人兽面纹象牙权杖 ∞豪华权杖 ；第一
次在墓葬中发现殉葬 6 条狗的葬俗；第一次在良渚文化墓葬中发现了人
头盖骨碗等。

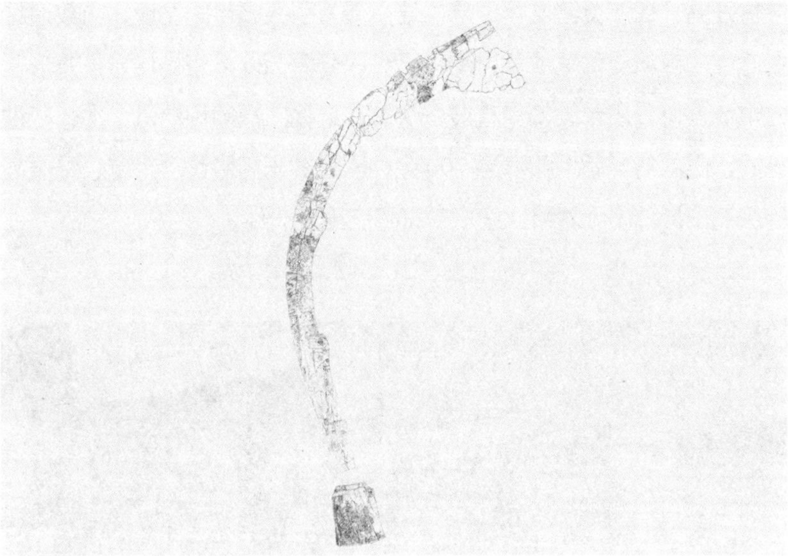

上海吴家场207号墓出土的象牙权杖

蒋 庄

| 最北的良渚 |

蒋庄遗址在2011年刚被发现时，就震撼了很多人，因为它更新了我们的记忆条——过去，学界传统观点认为，良渚文化的范围以环太湖为主，不过长江，但它的发现，填补了长江以北地区良渚文化考古发现的空白。

位于江苏兴化、东台两市交界处，分属兴化市张郭镇（现属戴南镇）蒋庄村及东台市时堰镇五星村、双溪村。2011年10月至2015年11月，因泰东河水利拓宽工程的需要，南京博物院对遗址西区进行了抢救性考古发掘，揭露良渚文化聚落一处。最为引人瞩目的发现，当数遗址东北部的良渚文化墓地。目前，已清理墓葬280多座，均为长方形竖穴土坑，可分出单人仰身直肢一次葬、火化二次葬和拾骨二次葬三种葬式，出土各类质地随葬品700余件。随葬玉器中包含有琮、璧类高等级礼玉，并出土刻绘“祭坛”符号的玉璧一件。

蒋庄遗址

有一年全国十大考古新发现汇报，我在稿子里记了考古领队“阿甘”甘恢元说的一段话——“墓地中发现无首、独臂、无掌或身首分离以及随葬头颅的现象很多，可能与战争有关，换言之，他们是捍卫良渚王国的英雄。”阿甘说，良渚以北，是强势的大汶口文化，最鼎盛时期直达淮河北岸，这两大文化在淮河以北区域发生正面冲突。经人骨鉴定，蒋庄墓地中青壮年死亡比例较高，多见肢体伤残现象，对

蒋庄 45 号墓

于研究史前暴力战争及其发生的文化背景是难得的线索。

蒋庄墓地体现出的文化现象很独特。墓地从良渚早期一直延续到晚期，持续时间长，墓葬间的叠压打破关系复杂，说明这是具有稳定的作为公共墓地使用的功能。但是，墓葬尺寸、有无葬具与随葬品等级，并不匹配，关系复杂，超出了学界现有的认识。比如，出高等级玉器的墓葬，均为二次葬（也就是人死后，人们再把骨头捡回来，重新做成一个很小的墓坑再次埋葬），没有大型葬具，而葬具最大者却不出玉器。这为标识蒋庄墓地的墓葬等级、认识墓地结构提出了新的问题。从随葬陶器的文化面貌上看，蒋庄不应该简单地划分到良渚文化中。

肆 LIANGZHU DICTIONARY FOUR

玉 器

用玉，并不是良渚人的专利。

之前，中国境内发现年代最早的玉器在兴隆洼遗址。内蒙古赤峰市敖汉旗宝国吐乡兴隆洼村，是内蒙古及东北地区时代较早、保存最好的新石器时代聚落遗址，后称兴隆洼文化，距今 8000 多年。但这个记录近年被小南山打破了。小南山遗址位于黑龙江省饶河县乌苏里江左岸，距今 9000 年。近几年在小南山遗址发掘出土玉器 120 余件，加上以往发现总数超过 200 件。种类包括玉玦、环、管、珠、扁珠、璧饰、锛形坠饰和玉斧等，构成了迄今所知中国最早的玉文化组合面貌。尤其是玦饰、玉管、璧饰等，对其后的东亚玉器文化产生巨大的影响。

全世界现存的良渚时期玉器，加起来大约两万多件。数量不是重点。现在很多人也喜欢佩玉，男女都戴，不标示身份等级，只是个人喜好。良渚玉器的含义，就复杂得多了。良渚人不单是为了美，它的象征意义是多重、多义的，有性别之分，有等级之别。哪怕只是一套头饰，就足够表达身份认同、社会等级、性别，还有更微观的资源分配。而良渚玉器的纹饰，比如神人兽面纹，可以反映出整个社会在精神信仰上的高度认同。

等级之分是最明显的。良渚人用玉器来标示拥有者的身份、等级和地位。

我们都知道，礼制，是中国历史上建立社会秩序、维护国家稳定、规范行为方式的传统文化。而玉器，就是良渚文明表达礼制最典型的物质载体，是良渚王国权力与信仰的集中体现。牟永抗认为，生产工具或武器礼仪化的代表——玉钺，是礼制出现的指示器。而且，成组玉礼器，更是良渚复杂社会组织结构的反映。

成组，除了我们熟悉的良渚“三大件”：琮、璧、钺，还有大量的玉头饰、玉佩饰、穿缀饰品，丁零当啷，整套配齐，真的非常重。比如玉头饰，需要通过梳、簪等方式插在良渚人的头上。

最高等级的墓主人都能获得琮、璧、钺等最高等级的玉器，而且配齐全套装饰。在略低于各级中心墓地的聚落内，虽然无法使用成套的玉礼器，但可以零星获得刻有神人兽面纹的各类玉器。而在最普通的村落里，来自高端制玉系统的产品就见不到了，只有一些坠饰类的小装饰品，大多也不是真的软玉，只是美石罢了。

良渚社会啊，真的非常现实——人以群分。你的等级、尊卑、贵贱、身份，全部都以玉器——一整套等级森严的用玉制度来充分区别。考古专家挖到后来，几乎可以“闭眼入”，只要看看出了什么玉器，就知道你是贵族还是平民。

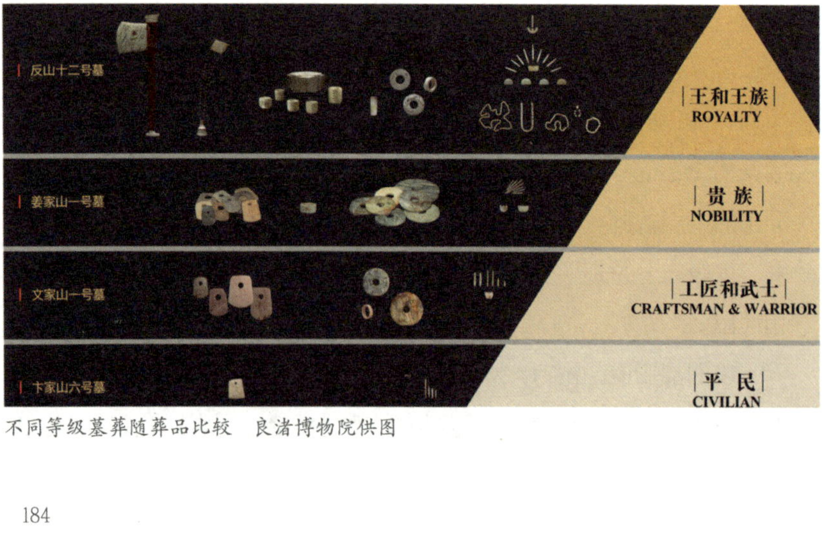

不同等级墓葬随葬品比较　良渚博物院供图

虽然等级一刀切，但也有精微。

举一个例子，文家山 1 号墓地，已经是文家山这片墓地里等级最高的墓了，他也能获得玉璧、锥形器、冠状器这些高等级的玉器，而且模仿了最高等级的男人用大量石钺这种身份表达的方式。但是经过检测，考古学家发现，他只是“高仿”——他没有办法获得那么高级的石料，而是用了本地的基岩，比较软，来源也是各种各样，形态也是各种各样，如此混搭做了一批石钺放在墓里。不管了，反正你们看到我是高等级的就好（用数量的表达方式一样），他想不到，5000 年后的我们发现了他的小心思，他获得资源的方式不一样，还是穷一点。

再看遗址群里等级最低的卞家山墓地。如果和王的陶器组合比，差不多，但小墓和大墓的差别，都反映在玉器上。

这些线索都在提醒我们注意一件事，玉器并不是良渚文化唯一表达信仰的方式 豪华权杖 嵌玉漆杯。 （207,237）

玉 料

很多人会问，为什么我们在良渚博物院展厅看到的良渚玉器，都是白花花的？玉有真玉和假玉，真玉包括了硬玉（翡翠）和软玉，良渚文化遗址中没有硬玉。那为什么是白花花的呢，因为玉器受沁，原本的绿色褪色变白，这就是我们说的“鸡骨白”。还有一些玉器风化程度更高，“骨质疏松”，表面就会出现粉化，可以说是“裂沁”了。

玉器是无机物，温润坚硬，但是刚出土的瞬间，它的埋藏条件已改变，也就是说，数十分钟内，它已经在发生变化，它太娇贵了，大部分良渚玉器均是如此。反山的田野发掘为何如此宝贵，因为积累了很多经验教训，比如玉器不等人。

《反山》考古报告中讲到，因为要等省领导来视察，并下拨专项经费，12 号墓“等”了几天。结果 6 月 11 日、12 日连续下雨，虽然盖了薄膜和竹席，墓口四周筑起了土坎，但雨水还是渗进了墓坑，反山 12 号墓 100 号玉钺暴露朝上的一面受沁。所以，考古队员对其他各墓采取清理一座、起取一座的方法，绝对不等，其他各墓的玉器基本保持了较好的原有状态。

野外清理剥剔也有经验教训。反山 22 号墓一件玉璜出土时刚剔去泥土，考古学家用了特意剪去笔锋的新毛笔，洗去胶，蘸蒸馏水，小心刷去上面的泥，毛笔上还是沾了小白点，玉璜的沁蚀面剥落了。《凌家滩》考古报告中也记叙了第一次清理玉器时，一不小心玉器就碎裂，清洗时气泡不断从水里冒出，都要成粉状糊了。这些是只能在田野考古中才能获得的经验和教训。

反山墓内泥土经 pH 试纸测试为弱酸性，说明部分玉器原已受沁蚀，为了尽量保持它们的原状，考古队员在起取玉器时采取了一整套措施。比如，他们从杭州购买了蒸馏水，共用去 1500 千克，玉器出土后，放在蒸馏水中轻轻漂洗——千万不能刷，只漂去粘上的泥即可，然后用绵纸裹一下玉器，吸去水，再用另外的绵纸包装妥当。玉器曾长期放在干燥箱内，避光避热，所以反山等地出土的玉器至今仍保持晶莹光洁的“生坑”原状。

玉，是一种高端材料，制玉，更是一门高端手工艺，你可以把它看成良渚社会“非遗”的最高端产业。而制玉者，也并非过去人们想象中是体力劳动者，他们必然是一群高级脑力劳动者，是劳心者。

良渚人的玉器讲究，是身份的象征，所用玉料也有优劣之分。良渚最好的玉料，排名第一位的，叫透闪石软玉，牟永抗先生把它的特点概括为“温润淡雅”。我们熟悉的琮王、钺王，细腻、致密，就是用它做的，标准色叫黄白色，这是当时高等级墓地随葬玉器的主流颜色，反山、瑶山墓地的随葬玉器中，经过抽样检测，多为这类玉，也是良渚玉器的最佳代表。

第二名，阳起石软玉。它的代言人是玉璧，颜色偏绿。1938 年，施昕更先生早在《良渚》报告中，就形象地提到了这种颜色，鸭屎绿：“古色盎然，以青绿色俗名鸭屎青者为主。”

第三名，就是中初鸣遗址发现的玉料了 中初鸣 (284)。经检测原料大部分为蛇纹石。除了蛇纹石，还发现其他少量的叶蜡石等，这是更低端的玉料了，当时嘉兴地区平民墓葬里的玉器，都是这种材质。

中初鸣遗址的年代，为良渚晚期，也就是说，这个时间段，蛇纹

瑶山 12 号墓出土玉琮（透闪石软玉）

反山23号墓出土玉璧（阳起石软玉）

蛇纹石玉料

石在良渚人的生活中占据了很高的比例。难道说，良渚晚期的人只配用低端玉料做玉器了？

但是，高等级的墓葬，比如王中王的墓里，也出差的玉料，说明并不是说你要定制好的玉器，一定都能拿到，工匠也会用蛇纹石去替代。而最穷的良渚古人，像嘉兴地区的普通百姓，就用叶蜡石来凑合了。

还有一点，玉琮这些高级产品，是在哪里做的？

在良渚遗址群内，考古队员目前还没有找到做玉琮的地方，但是我们在遗址群里看到了这些制作高等级玉器的线索——做了一半的玉
（194）琮（留着打样线）玉琮，做到一半坏掉的玉琮，还有玉琮里面的钻芯。做琮的前提是要获取一定体量的合适的玉料，基本技术应该不是问题，微雕才是关键。

中初鸣、塘山都发现一个同样的情况，发现了不少废的玉琮、玉璧、玉钺，当做废料来加工，这么神圣的刻着神像的琮，照样射口被切掉，去做低端的锥形器去了。

塘山金村段制玉作坊出土的玉料和残品

中初鸣出土带皮玉料

方向明在塘山金村段发现的玉料，外表虽保留了玉料的“砾石”自然面，但多光滑，为什么？它们从山上崩裂下来后，掉到河滩里，随溪流不断滚动，毛茸茸的“外衣”消失了，最后剩下了玉的精华部分。

而中初鸣的玉料上，毛茸茸比较“烂”的外衣还在，证明它是“纯种”的、来自原产地的、无添加的原生态，它就来自山上，没有经过自然搬动。

总结一下，良渚人是怎么拿到玉料的？一种，是从河滩里捡的，比如塘山金村段发现的玉料。另一种，像中初鸣发现的这种玉料，就是从山上直接采的。

线切割

史前治玉技术，就是古人的黑科技、尖端技术，全靠手作，也是科技史中重要的组成部分。做玉要开料，也就是我们说的开璞成玉。一块璞玉，玉料的外皮因为长时间风化或氧化，需要去除外皮而得到内里最精华的玉料。良渚人做玉器开料，主要两种方式。一种是片切割，也叫锯切割。还有一种是线切割，用一根柔性绳子，比如麻绳，沾上解玉砂（硬度比玉高），两只手来回拉，也叫砂绳切割，留下的痕迹呈弧形。

中初鸣出土玉料带线切割痕迹

良渚遗址中发现砂子并作为遗物发表的很少。常州寺墩遗址 1 号墓的玉璧上，遗留下一层砂粒，是石英砂，被认为就是作为解玉砂来用的。请注意，砂子很重要。仅仅靠绳子和片板切割不了，砂子的大小，粒径的不同，都会对最后的效果、效率，产生决定性影响。

良渚时期，线切割工艺主要用来切割平面体量较大的玉器，如玉钺、玉璧等；还能用于曲线造型，像是璜的半圆形凹缺、三叉形器的三叉成型、冠状梳背的“介”字形冠顶等；此外，也能用于镂孔。线切割是整个良渚时期最常用的切割方式，也是良渚玉器制作工艺的一大特点。不过，这不是良渚人发明的技术，他们是非遗传承人之一。

之前讲到，小南山遗址的玉器是目前东亚最早，其实它还有个最早。玉器上，发现了很多砂绳切割技术留下的弯曲条形痕迹，比如玉玦，这也是目前世界最早的发现，比中美洲同类技术早六千多年。小南山的砂绳切割技术后来成为红山、良渚玉工的主打工艺，可以说覆盖了新石器时代的玉器制作，奠定了中华玉器文化早期发展的技术基础。良渚玉器表面，几乎都遗留有砂绳切割的痕迹。小南山与良渚出土的一些玉管，形制相似、工艺相同。

我们一直说，良渚玉器影响了大半个中国，陕西芦山峁（距今 4500~4000 年）出土的玉琮，就是良渚玉文化数千千米以上飞跃式西传重要的证据。芦山峁遗址出土的良渚文化玉琮上，发现了清晰的砂绳环状切割痕迹，这是目前所知砂绳技术分布的西限。邓聪先生认为，当时西北地区在 get 这门技术时，其实这门绝技已经末路了，在西北地区的玉器史上，似乎再没有产生过重大影响。为什么？更牛的黑科技出现了——旋截及锯片切割技术涌入西北。

片切割

片切割是利用硬性的或是稍有弹性的硬性片状工具，配合解玉砂来回运动进行切割，留下的切割面相对平整，后期打磨起来也相对省力。

不过，并不是所有人都走在潮流尖端，也有人执着复古。

片切割技术固然方便精准，但是，良渚人不知道怎么回事，明知有这门新技术，就是爱不起来。

德清中初鸣制玉作坊遗址群发现的玉料，开料确实以片切割为主，这些玉料的几个面都切了一条线，但线深都没有超过 1.4 厘米。这说明良渚人的片切割技术受限，根本切不深。方向明说，可能跟工具有关。片切割的工具无非就两类，一类是石刀，还有一类，就是软性的，比如竹片。

按道理讲，良渚文化的柱状体玉琮，本来最适合以片切割技术开料，可是良渚人对线切割技术的热爱，有点偏执，我们目前所能见到的良渚玉琮，几乎都是用线切割做成的柱状体，甚至高约 50 厘米的方形玉琮，也依然选择用砂绳吭哧吭哧开料。玉璧、玉钺，也百分之百是线切割。其它小型玉器，更不用说了，“无器不留绳”。

良渚人接单不接那些大体量的玉器单子，只做片切割深度比较浅的。用来做什么产品呢？ 5000 年后，我们在中初鸣的锥形器、玉管、小坠子上，发现了对应的片切割微痕。

片切割示意图

中初鸣出土玉料带片切割痕迹

中初鸣出土玉锥形器以及半成品

玉 琮

《周礼》中记载“以礼天地四方”的“六器”之一(璧、琮、圭、璋、璜、琥)，就有琮，目前最早的考古出土实物资料，就见于良渚文化。所以在普通人的印象里，良渚=玉琮，玉琮应该是良渚大家庭里名气最大的文物，最佳代言人。

考古发现年代最早的一件良渚玉琮，出土于苏州的张陵山遗址，像个玉镯，但比普通玉镯厉害，它的四面还雕刻有神人兽面纹。

瑶山9号墓，是良渚遗址群中迄今发现年代最早的良渚显贵大墓，出土的琮，为环镯式的圆琮，可以戴在手上的。从外形看上去，比较圆润。而多节面的小琮，形制已经完全和我们熟悉的有四角凸起节面的矮方琮一致。也就是说，在良渚文化刚刚拉开序幕之时，玉琮的“基本款”——内圆外弧、凸有四角、分割四角的直槽、中间贯穿射孔，就被人为地精心设计并确立。复杂的平面和立面，是良渚先民对宇宙空间的构想，投射了他们的世界观和宇宙观。

江苏张陵山遗址出土镯式玉琮

瑶山9号墓出土圆琮

如果把玉琮展开来看，它的图像是重复出现的，我们称之为二方连续，也就是由一个单位纹样，向左右两个方向反复连续“复制粘贴”。它围着什么转动呢？围绕着中间的孔转动，转动的过程中，有很多分节，四个直槽同时随着它转动。

大家肯定会说，它凭什么会转动？

反山 12 号墓有一件柱形器，上面刻了 12 幅神像，上下左右呈错落旋转状。张光直认为像琮这样的复杂几何体就是多层次萨满教宇宙观模型的缩写，通过琮的上射（面）和琮的下射（面）来区分上下界，再加上中间这根轴，琮的上下射（面）通过射孔贯通和旋转。

反山 12 号墓出土柱形器

所有的玉琮都被雕刻为上大下小的样子，这就是仰视所需的视角。所以，千万不能把琮倒着放。乾隆皇帝当年不认得神徽，不止把它们倒过来放，还改了神徽，把玉琮改成了文玩。

有人说，良渚文化玉琮及其上的神徽，可以视为良渚的标志符号，相当于国徽。牟永抗认为琮应是一种与兽面神（神徽）崇拜有关的神柱或法器，似可视为神权的代表器。在所有良渚文化墓地中，出土玉琮的地点，也就十多处，其中只有反山、瑶山、寺墩三个墓地出土的玉琮超过了 10 个，其余只出土 1 ~ 6 个。同一墓地中，凡是随葬玉琮最多的墓，随葬品也最丰厚，墓主人的地位最高。比如反山 12 号墓随葬 6 件，瑶山被盗的 12 号墓至少随葬 6 件，而寺墩 3 号墓随葬了 33 件，都是同一墓地中的王者。

我们在反山 12 号墓里看到，琮有多种用法。有的做“枕头”（琮王），有的可以套在手臂上（手臂边上有 4 只琮，可能作为臂钏），有的根本套不进。做玉镯的工艺上有标准，现在女孩子戴手镯，镯子的标准内径一般是 5.6 厘米，手才能套得进去，而良渚玉琮的内径大部分都小于 5.6 厘米，琮王只有 4.8 厘米。

很多人说，玉琮代表了我们后世说的天圆地方。秦岭觉得，大家是不是想多了，可能是一种误读。

玉琮的最佳观看视角，在对角线位置，只有这样才可以看清完整的纹饰，这是良渚人精心在琮上打造的“四角以整体展开法展示的神像图案”，即表现物体的正面形象，同时也表现物体的两个侧面，就像后来商周青铜器上的饕餮纹。所以，如果是直角长方体，纹饰会变形得厉害，被切断了，如果是圆的，那就可以最大化视角来获得纹饰的整体效果。所以，良渚玉琮全部是弧边的，没有纯直边的。如果俯视琮王，你会看到弧度很大，这跟神像在玉琮上的最佳表达直接相关。

有没有硬核证据呢？

良渚古城西部的瓶窑吴家埠遗址采集过一件素面半成品玉琮。射孔规整，已经完成修治打磨。最重要的是，两个端面留下了阴线刻划的框线和两圈圆弧线，是琮制作时的打样线。内圈圆弧线是双向管钻射孔的定位线，外圈圆弧线是切割射口的打样线，框线则是取琮弧边外形的打样线。说明外形做好后，这个工匠觉得它还不够弧，又刻了一道更弧的打样线，才能达到他的要求。

为什么要这么弧？良渚人刻意将器外壁做成弧面，从俯视的角度看，是为了获得最大化的视角观看兽面纹，跟方没关系，而是为了通过特定器形来更好地承载和展现纹饰的力量。神人兽面像（199）

吴家埠出土半成品玉琮

良渚文化之后，许多地区开始模仿良渚玉琮进行创作，他们已经逐渐不知道玉琮的本意了。比如上海松江广富林遗址出的玉琮，琮体刻有不等分的横线，纹饰的表意不清，在形式效果上与良渚相差甚远。山东丹土遗址（大汶口文化）所出玉琮，眼睛直接雕琢于横线上，完全歪曲了良渚玉琮的设计本意。山西晋侯墓地（西周）把琮（青铜）做成器座。宋人、清人做成了青釉琮式瓶，有的还用铜器改成琮，作为文人用品。热爱生活的乾隆帝，把良渚玉琮做了各种花式改造。他最喜欢的“良渚文创”，是把玉琮做成笔筒、插花器。这也说明玉器发展到后世，越来越世俗化、生活化，可以成为日常用品了。

乾隆皇帝的“魔改”

神人兽面像

反山发掘以前，人们一直认为玉器上的复杂图案，是一种类似于饕餮的兽面纹。在反山 12 号墓的出土玉器中，人们首次在琮王上发现了完整的神人兽面像，王明达在考古简报中称“神徽”。

12 号墓葬里发现了 18 幅完整神徽，占整个反山王陵总数的 3/4（反山王陵一共发现 23 幅）。墓里一共出土了 6 件玉琮——这个男人一个人拥有 6 件象征神权的玉琮。

“神徽”是怎么被看到的？过去，很多报道提到，是摄影师在照片里看见的。王明达给我看了一叠手稿，题为“浙江余杭反山发现良渚文化重要墓地”，写于 1986 年 7 月 10 日，反山发掘两个多月，12 号墓等大墓已经出现。

“横纹、圆目、宽鼻、巨口，口中显露锋利的牙齿，形象具体真

良渚玉器上的神徽

实。”在描述玉器上的图案时，他这样写道。1986 年 11 月，纪念良渚遗址发现 50 周年学术研讨会在杭州召开。他特地拍了琮王的照片，准备给代表们看看，但黑白照片不是很清楚。中国社科院考古研究所史前史专家吴汝祚看完照片，找到牟永抗：老牟，这么好的东西怎么不给我看？

因为要向省人大汇报，需要再拍一批彩色的照片。当时，所有的器物都放在吴家埠工作站，看器物也在这里。

那天也是在吴家埠，王明达跟所里的摄影师强超美说，你看看，能不能拍出来，就拍这一块。他指指琮王上的神像。强超美查看自己刚刚洗出来的照片：看到了看到了！

兽面的两边原来有两只手！这个戏剧性场景，后来被演绎为在照片里首次发现了“神徽”。

几乎所有玉器上都会刻上或繁或简的“神人兽面像”，这个图案是良渚文化中细节表现最多的一个，几乎是良渚玉器唯一的主题。图案上部，是头戴“介”字形羽冠的人的形象，下部是圆圆的大眼睛、露出獠牙的猛兽的面目，下肢作蹲踞状，还有飞禽或猛兽（虎类）的利爪。神人加神兽的复合形象，或许就是良渚人心中神的样子，是良渚部族崇拜的神徽。从良渚早期到晚期，神像的造型几乎不变，完全是程式化、标准化的复刻，这也是礼器和神秘主义表达的需要，更是信仰统一的要求。

而鸟，作为飞翔的灵禽，常常处于神像的两侧或者下部，成为神像的配角。仔细看，鸟纹的身体和神兽的大眼睛，几乎完全一致。这类鸟图案迄今只出现在反山、瑶山和上海福泉山、吴家场这四个墓地出土的玉器上，鸟的出现，多少显示了墓主人的特殊身份。方向明觉

得神像 + 神鸟，才是一副完整的图景，没有刻神鸟的，应该是“省略”了。

这个图案到底什么意思，不可能有标准答案。但可以知道的是，神像是各种动物元素构成的一个复合图像，我们可以看到龙、猪、鸟、虎的影子。但有趣的，不正是无解吗？一个确定的“答案”，反而是无聊的，那我们的考古学家还谈论什么呢？更何况面对良渚人，我们何来答案和“看清”，顶多只是看见。

比如，李新伟认为，神像的形象不是人骑在兽上，而是鸟把神兽驮在身上。在这些鸟纹图像中，为什么用眼睛作为鸟的身体？他认为是用侧视图表现鸟驮着兽面。往往出现在主题形象的两侧，主题图像简化的侧视图。这种表现方式至少在早期的彩陶上就有，比如半坡鱼

良渚王国的标准神徽　方向明绘

纹，正视的大鱼头，侧面表现鱼的身体。

良渚人留给我们的课题太多了。他们把神徽的精神信仰，渗透到了生活的方方面面。即便是一把玉梳子，也要有神徽的影子。
(222) ∞冠状器 佩戴者认为，自己就是神的扮演者，拥有神的授意，赋予自己异于常人的能力。

所以，其实良渚人信仰的不是具体的某一件物品，而是神人兽面像。它可以在不同的物质、情形中被观看，而且可以多面表达，三个面、四个面和五个面——汇观山的镯式琮五个面都是兽面，最极端的，反山 12 号墓的一个柱形器上，竖向四列、横向三层，刻了 12 幅像，
(194) 而且是神兽像 + 神人兽面像互为间隔，错落布列。∞玉琮

所以，玉琮才不要做成方的，不然没有 VR 眼镜的良渚人怎么才能把神像看得真切。

这么多种类的玉器中，神像最黏的只有玉琮。在良渚文化存在的 1000 年中，玉琮自始至终都与神像相伴。神像是构成琮的核心因素，是琮的灵魂。

而且，这种情况不是只在良渚文化核心区有。20 世纪七八十年代，江浙沪包邮区的考古专家发现，环太湖流域存在一些较大的良渚文化聚落，比如上海青浦福泉山、江苏武进寺墩等遗址。在没有现代化通讯的年代，神徽的分布范围，从良渚遗址核心区，一直延伸到整个环太湖地区，和良渚文化范围吻合，一像独尊，而且，它不仅在玉器上被大量表现，也见于其他材质的载体，比如象牙器、漆器、陶器等。

2010 年，上海青浦福泉山遗址吴家场 207 号墓，出土了 2 件通体雕琢 10 幅神像的象牙权杖，形制与反山 12 号墓豪华玉瑁镦权杖完
(207) 全一致。∞豪华权仗

王把玉器分别赏赐给上海、江苏的“诸侯”，命令他们统治一方，管好当地这个区域中心。这也意味着，他用同样的信仰——玉器上的神像，进而统一全民的精神世界，成为以良渚古城为中心的良渚区域社会稳定和认同的标志。

但是，这种纹饰，对所刻玉料的质量要求很高。到了良渚文化晚期，高级的透闪石资源匮乏，只能用铁含量很高、杂质很多的阳起石，也就是青绿色玉器，但它刻不了复杂纹饰。高等级大墓使用蛇纹石的比重开始增加，致密度远不如前者，很不适合精雕细琢。以往可以在1毫米之内细刻五六条细线的微雕工艺，巧妇难为无米之炊。

而在同时期，漆器和象牙器上却能见到完整的神人兽面纹饰。在古城里，良渚文化晚期的城壕堆积中，葡萄畈的陶壶上，居然也刻了神圣的神像，这是生活用品。有学者提出，神像是否在此时丧失了早先神像的神圣和威严？

秦岭认为，这说明神像的渗透性太强了，不是只有玉器才可以承载信仰体系，这是一种误读。玉材质的稳定和持久性，容易保存，才会成为考古学研究图像意义的最佳介质。由于资源的匮乏，到了晚期，玉琮开始更多用“形”去承载自己的信仰体系，出现了很多高节琮，良渚纹饰却随着材质技术的退化，逐渐淡出了历史舞台。良渚社会的变革和衰亡都跟玉料资源的枯竭有一定关系，但真正造成社会衰退的原因和机制还很复杂，良渚考古和研究依然在继续，再有十年或者二十年的积累之后，我们的认识会不同。

借神徽说到信仰，秦岭讲过一个观点。我们能看到的文明只是文明的物质成就，我们能够理解的信仰体系只是它的一种图像的表示。所以我们更多能讨论的，是良渚人如何实践，也就是说多少人可以用，在什么样的语境下去用。我们讨论的更多是实践（practice），而不是意义（meaning）本身。“如果没有文字，我觉得任何讨论都是无效的，因为你既不能证明也不能证伪，考古学是一个实证的科学。”

玉琮王

“天下第一”琮王，指的是反山王陵12号墓出土的玉琮王，登上《国家宝藏》的国之重器，现藏于浙江省博物馆。

出土时，它像枕头一样，正面放置，“枕”在王的头下——位于墓主人头部一侧。这不是偶然。在“中央”良渚中心遗址群外的“地方”——江苏常州武进寺墩3号墓，是迄今为止发现的良渚文化晚期宁镇-苏南地区最高等级的墓葬。就在3号墓的墓主人头部，也出土

反山12号墓出土“琮王”

过一件大琮。相同的形制、纹饰、葬仪，也表明在良渚早期国家社会，良渚古城在政治、宗教上对周边地方的影响力。

王的头部这件重达 6.5 千克琮王的直槽上，雕琢了 8 幅火柴盒大小的完整神徽，神人的脸和冠帽、神兽的大眼睛和鼻子嘴巴，都用上了浅浮雕的技法，神人的上肢和神兽下肢，则用阴线刻划，极尽繁复，是良渚微雕的杰出作品。

方向明量过，琮王身上神像的兽眼眼珠只有二三毫米，是用什么工具钻刻的？大的管子，可以理解是毛竹，小的呢？

做动物考古的宋姝又进行了观察和测量，发现麻雀肢骨的截面直径约在 1 ～ 3 毫米，而雉肢骨的截面直径约 4 ～ 10 毫米，以桡骨和尺骨骨干的截面直径最小，而且最接近圆形。可能只有像麻雀这类小鸟的肢骨截面直径才比较接近兽眼的尺寸。但是，目前还不能确定就是用骨骼来钻刻的。也有人实验考古，用狗尾巴草进行小口径管钻，据称也可行。

玉钺王

钺，起源于新石器时代的生产工具石斧，大致呈梯形，也有人说像“风”字形。有钻孔，横向装柄，最初是生产工具，后来作为武器使用。随着生产力的发展和社会分化的出现，钺脱离了实用功能，更多的是有象征意义的礼器。

良渚文化的钺，分为玉和石两种，两类的形制或同或各有特征，如一类大孔的“花斑”石钺往往现身于高等级墓葬，在一些随葬多件石钺的墓葬，往往含有 1 件形制有别的石钺作为玉钺的替代品，但玉钺有无当然反映了墓主人身份的不同。玉钺在良渚文化中数量不多，一般仅见于等级最高的男性墓葬中，而且一座墓基本上只有一件。它的普及率要低于玉琮和玉璧，反山、瑶山一共也就出土了 11 件玉钺。

玉琮王和玉钺王同时出现在反山 12 号墓中，可见墓主人的王者身份。“玉钺王”放在他的身体左侧，刃部朝东，钻孔部位隐约可见或许是为了增加捆扎摩擦系数而刻划的痕迹。最重要的是，玉钺两面都雕琢了神像和神鸟，上下分布。这也是迄今发现唯一雕刻有神像的良渚玉钺。表明当时已将神像的崇拜移植到人间，成为体现身份、权力和社会等级制度的标志，说明墓主一个人拥有神权、王权，王权神授，是名副其实的王中王、良渚的最高统治者。

墓中出土的钺几乎没有使用痕迹，没有开锋，精美光亮。在良渚文化中，目前也没有看到特殊的有关战争的遗存，良渚社会是否强调军权，又怎么强调军权，或是否存在军事权力的集中，还不知道。我们所看到的钺，似乎更关乎于礼。

反山 12 号墓出土“钺王”

豪华权杖

崧泽文化时期开始出现玉钺，到了良渚文化时期，木质的钺柄也装饰了玉器，这种玉钺组合，就是豪华型玉钺，包括三部分：玉钺本体、瑁（mào，玉钺柄的冠饰）、镦（duì，玉钺柄的端饰），只在少数的高等级墓葬出土。

反山 12 号墓良渚王的身上，交叉叠放着两把装配豪华玉瑁镦的权杖。前面说的这把像斧头一样的玉钺王两端，钺柄的上端还有玉质冠饰——瑁，柄的下端也有玉质端饰——镦。中间仅存的 5 颗小玉粒，原本镶嵌在玉钺柄上。但是出土时，作为“支架”的木柄——连接瑁和镦的载体已朽烂不存。

反山 14 号墓的玉钺杖也如此，木柄没了，但经过精心剥剔，在柄的位置，发现镶嵌着比芝麻还小的大量玉粒，玉粒上残留着朱痕，表明木质钺柄上还曾有朱漆装饰。在发掘现场，考古队员绘制了等大的图纸，根据出土状况，又把镶嵌的玉粒黏附在米格纸上，原样保存。

王拥有的这把玉权杖，是良渚文化考古首次在野外复原的玉权杖组合。在反山墓地发掘前，人们还不认识瑁和镦，也不知道它们和玉钺的关系，在发掘报告中被称为“玉格饰”和“带槽玉器”。1986 年，反山考古队循迹那些残留的纵向分布的玉粒，在发掘中观察到了它们和玉钺配套放置的情形，又对照其他完整的玉钺模型，才确定了它们与玉钺的组合关系，第一次复原出了一整套豪华型权杖，取得了良渚文化玉器田野考古的重大突破。

而 2010 年，上海青浦福泉山遗址吴家场 207 号墓，出土了 2 件

米格纸上复原了
反山 14 号墓玉钺杖
出土情形

比较完整的象牙权杖。其中一件，编号 M207:61，表面装饰有细刻纹饰，以转折处为中轴线，用浅浮雕的方式雕琢了 10 幅神人兽面像，又以细密的云雷纹做地纹。最重要的是，有镦，权杖下端为突出的榫状结构，插入镦部。镦部呈椭圆形，雕刻鸟纹和兽面纹。它的形制，印证了反山 12 号墓豪华玉瑁镦权杖的真容，几乎一致，无非它是良渚文化晚期的，纹饰雕刻生硬一点。而弧状弯曲，又为复原反山 12 号墓这套钺杖的形态提供了明确的证据。也证明之前福泉山 M9、桐乡姚家山 M2 残象牙器，都是豪华权杖的部分。

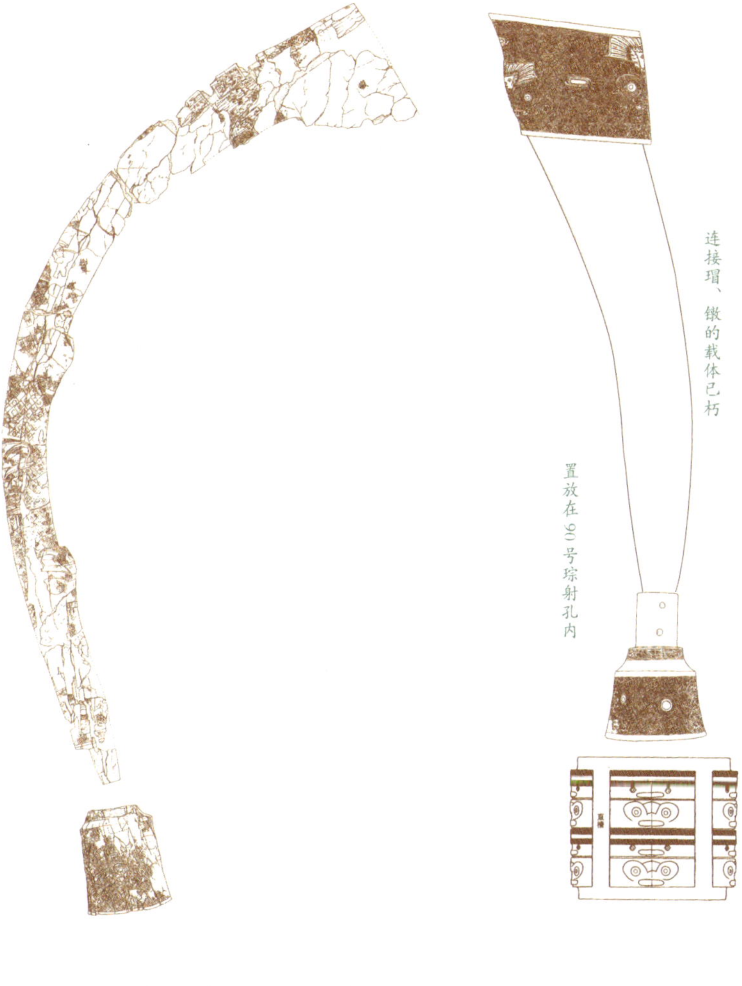

上海吴家场的象牙权杖启发了良渚玉钺杖的装置复原　方向明绘

所以，不是只有良渚玉器，不是只有玉琮上才可以刻神徽，象牙也可以，玉器并不是良渚文化唯一表达信仰的方式。象牙权杖的发现，证明良渚文化除了玉器，还存在其他材质为代表的重要的礼器系统。

这件象牙权杖背后，还有一个重要含义。一直到了良渚晚期，玉器已经不再刻神徽的阶段，开始做高节琮了；玉料也不好了，可能神徽不好刻了，纹饰已经变成简约版了，但神徽的图像并没有消失，图像背后的内涵仍然没有改变，只是它在不同的载体上有不同的表现手法。象牙太难保存了，因为这样偶然的机会，我们才知道到了良渚晚期阶段，图像仍然是完整的。

玉 瑁

瑁，整体形状像一个纵向对折的冠状器——良渚人把装饰在头部的冠饰改造刻一下，又装饰在了钺柄上。

反山 12 号墓出土的这把豪华权杖的瑁，我们在良渚博物院里可以看到实物，但是，上面的复杂纹样，外形和结构，肉眼根本无法看清，照片也无法全面呈现。没事，方向明画了瑁的展开图，良渚人绝对是螺旋纹爱好者，有没有头晕？

1936 年，施昕更发表的良渚考古报告中，一件陶片上刻划有卷曲之体，就被称作“螺旋纹”。而这件瑁上，螺旋线 + 小尖喙组合成了地纹，两侧面又有神人兽面像，已经甩了很多设计师 N 条街。

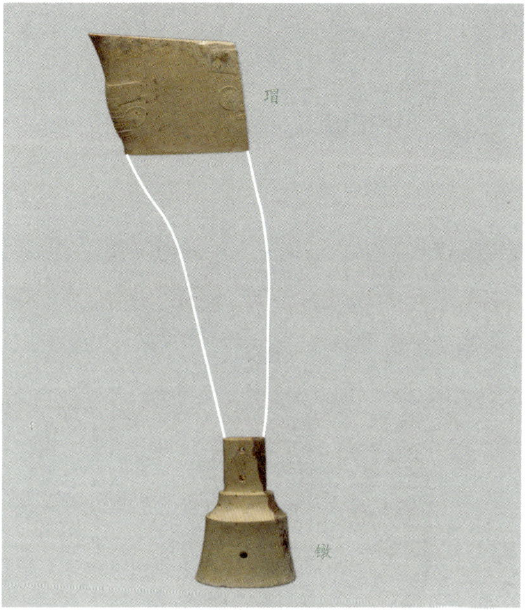

反山 12 号墓出土瑁镦组合

玉 镦

镦（dui）的形状像是一只靴子，两侧还各钻有小孔用于横向固定。钺瑁和钺镦之间相距 70 厘米，这也是多数钺柄的长度。

反山 12 号墓里另一把配齐豪华玉瑁镦的权杖出土时，镦插在一只琮的射孔里，琮在这里好比一个底座，这也是琮的另一种功能。

继续看方向明画的 M12 豪华权杖镦的线绘展开图，镦面以及瑁体都有一圈纹饰，中间有三个孔（到底是干吗的目前还没搞清楚）。纹样和圆孔有机结合起来，圆孔其实也是个螺旋纹，旋转带动着两边的兽面，若隐若现。我们可以清晰辨认出神像的眼睛、鼻子、嘴巴爪子，但身体的轮廓又跟这些地纹浑然一体了。

这一组瑁和镦，他画了 3 天。

瑶山 7 号墓出土玉钺杖组装示意　出土时瑁镦相距约 80cm

画的时候还发现，上面还有一圈地纹，依然是小尖喙 + 椭圆形螺旋线的组合，但里面还有机关，可以很规则地划分成 4 组图案，是 4 组变形鸟纹。你看出来了吗？眼已花。

当时，他还不敢确定。过了几年，2010 年，余杭玉架山遗址 200 号显贵女人大墓 玉架山 出土了透雕冠状器，他发现，纹样和反山（250）这件镦的一组，一模一样。他通过亲手画，也证明了良渚人在玉器上行云般的线条刻划，是有规则的，绝对不是随便创作的。

此处植入广告，《看见 5000 年——良渚王国记事》的封面，用的就是良渚王权杖镦的纹样，美编败了。

反山 12 号墓镦线绘　方向明绘

王 冠

琮王边上，良渚国王的头部还有一堆丁零当啷的复杂玉头饰。

比如，像箭一样的成组锥形器，一组 9 件；像梳子一样的冠状器；只有男人才戴的三叉形器。还有一顶很像王冠，围成一圈，分布在他头部的成组半圆形器等等——这些名字考古学家确实取得比较直白，但胜在达意准确。

比如这个“王冠”。反山王陵只有 4 个墓出土了成组半圆形器——12 号墓、14 号墓、20 号墓、23 号墓。根据倾倒情况判断，半圆朝下，有缝缀隧孔，说明原来是缝在皮革类的载体上，作为头饰佩戴，围径只有 30 厘米。所以，我们可以看作是“王冠”，但这个“王冠”不一定要戴在头上，搁在头上也可以。更巧的是，这 4 个墓还有一个共同点，在墓穴的北端都发现了一个形制一样的有凹缺的镶插端饰。

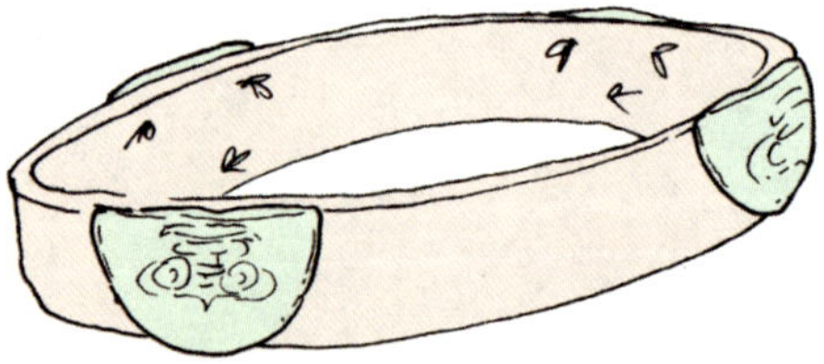

良渚王的王冠复原想像图　方向明绘

如此看来，“王冠”不是偶然现象。这4个人，是否生前都分别担任过王?

再回头说王中王。王冠下面，还有一个“带盖柱形器”，可能是棺饰，还有一种可能，是王用来扎头发的饰品。对了，王也打“耳钉”——半球形隧孔珠。

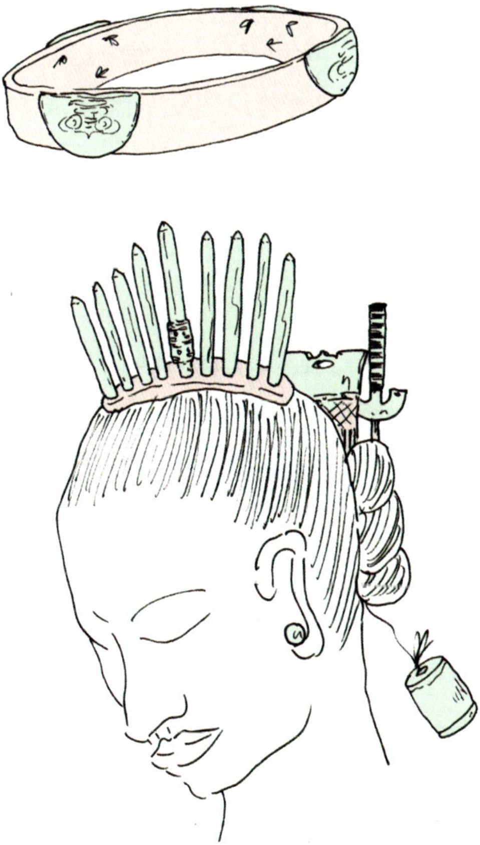

良渚王头饰的复原想像图　方向明绘

玉璧

良渚遗址第一次科学发掘出土玉璧，是 1973 年吴县（今苏州市吴中区）草鞋山遗址。

玉璧是良渚墓葬里常见的随葬品。但是，它又有点特殊。

反山 12 号墓，也就是我们目前所知道的反山王陵里最高等级的王，王中王，他有琮王和钺王，偏偏没有璧，没错，这是一个没有璧的王。但是，在他斜对面的反山 20 号墓，一下子出现了 43 块玉璧。另外还有 25 把钺，其中只有一把是玉钺（有瑁和镦），另外 24 把全是石钺，而且为同一种质料，同样的形制，大孔、舌形，专业术语叫熔结凝灰岩，硬度很高，跟玉伴生的矿物来制作同一批石钺，没有实用功能，只是象征意义。

反山墓地很小，只有 11 座墓，把墓地按照器物从早到晚比较的话，会很明显看到，到了晚期，忽然出现了新的表达——大量的玉璧和大量的石钺（M23 没有石钺，因为是一个女性，性别上的物质表达不一样）。等于在同一个墓地里，一代代贵族下葬的过程中，葬礼仪式出现了新的物质表达方式。

说到玉琮和玉璧，很多人喜欢搬《周礼》中那句很有名的话：以玉作六器，以礼天地四方，以苍璧礼天，以黄琮礼地……良渚人是用它们礼天地的吗，又怎么使用呢？我们在反山墓地里发现，琮和璧不是同时出现的，而且，琮是用特殊性来表达，但璧是用数量来表达的。反山出土玉璧（包括厚重的玉环）共 130 件。有一种说法认为，玉璧象征财富，有没有钱。

玉璧怎么放，也不同，有三种情况：放在葬具之上、集中叠放在脚端，以及胸前或背后。反山 23 号墓一个人有 54 件玉璧。制作规范、打磨精良的玉璧，往往放在墓葬的中部，比如有一件编号 6 的玉璧，出土于墓主人头部。做得粗糙的成堆放在脚部，比如一件编号 140 的。玉璧似乎并无身份地位的严格限定，跟“苍璧礼天”相去甚远。

再看看良渚年代（古城）最早的墓地——瑶山。瑶山是没有一件玉璧随葬的王陵，也很特殊。刘斌认为，瑶山无玉璧，这是不是祭祀上的限定呢？还是这个部族没有得到适合制作玉璧的玉料？如果玉璧是祭祀中不可或缺的礼器，那一件玉璧都没有显然是不合情理的。如果玉璧象征财富的话，那么这些地位显贵的墓主人，又怎么能一件玉璧都得不到呢？

方向明认为，瑶山不出玉璧，和年代有关。好比凌家滩不出玉璧。但是，它也有玉璧的“初代”——小璧环，也叫圆牌，成组出现。还有玉瑗，比较宽厚，符合早期的特征，等于玉璧的前身。

反山 23 号墓里满满的玉璧

反山 23 号墓出土 6 号玉璧

三叉形器

经常会有人问我，凭什么说这个墓的主人是男人啊，不是已经没有人骨了吗？考古学家往往会根据随葬品的组合，尤其是性别指示特征明显的随葬品来判断墓主的性别。比如男人身份高不高，就看你有没有三叉形器和成组锥形器。

三叉形器、冠状饰、锥形器、半圆形器，这些器型目前在文献里都没有出现过，所以考古学家根据出土形态，给它们取了名字。

三叉形器，样子很好认，三叉嘛——下部一般圆弧形，上面有三个分叉，中叉有点特别，上面有钻孔，和玉管搭配使用（器物出土时就是这样放的），可以延伸中叉的长度两者可以卯孔相接。不过，良渚早期生产的三叉形器的中叉，一般低于两个侧叉，背面平齐，到后来，三个叉逐渐平齐，背面还出现凸块。

反山20号墓三叉形器＋中叉上方配玉管

瑶山9号墓出土玉三叉形器

也有特例，三个叉上都有钻孔——反山 14 号墓和反山 20 墓出土的两件三叉形器，左右两叉上都有竖向的钻孔，搭配什么？未知。

三叉形器怎么用？利用下端卯孔插入发簪作为头饰。它只在良渚时期的贵族男性墓葬中出土，每个人一件，所以它是性别和身份的象征。而且，也有鲜明的地域特征，主要分布于余杭、桐乡地区，也就是良渚核心区，不出今天的浙江。江苏南部、上海西部等地区的良渚男人就不戴。也就是说，它不是整个良渚文化圈都广泛流行的。

秦岭认为，男人生前也用三叉形器，因为正反面都有纹饰，观看是 360 度的，可能是生前佩戴的头饰，而不是专门的葬礼用玉。

反山 14 号墓出土玉三叉形器正面

反山 14 号墓出土玉三叉形器背面

玉锥形器

玉锥形器，一用就是一大把，无论贵族还是普通人都要用，在良渚古城及其周边很流行。不过，成组玉锥形器发现时，通常以 9、7、5、3 这样的奇数成组，数量越多，等级越高。只有男性高等级墓葬，才有资格头上戴整组锥形器，这是显示男性权贵身份地位的特殊玉器。

比如，一般 9 根就很厉害，特别厉害的戴 10 根，然后 7、5、3、1，依次递减，权力等级也依次下降。反山 12 号墓王中王的头上就插了 9 根，而瑶山 C 位 12 号墓主人头上，破天荒插了 10 根。像反山、瑶山的顶尖墓里，一般最低等也有 5 根，极少数 3 根，但是普通人家的墓，比如良渚古城西南的文家山墓地里，等级最高的也只有 3 根。

反山 12 号墓出土成组锥形器

良渚人的等级观念强大到什么程度？在离开良渚“中央”的“地方”——上海青浦吴家场墓地，好歹也是一处良渚文化晚期高等级区域中心的重要遗址，这里的领袖也算是“诸侯”。但是呢，207 号墓的墓主人头饰，是一组猪獠牙。这种特色鲜明的头饰主要发现在浙北嘉兴地区，跟“中央”以成组锥形器为标志差距太大了。比如 1997 年发掘的海盐龙潭港遗址，他无法获得很高级的玉器，比如没有琮，顶多得到一件冠状饰，一两根锥形器了不起了，而且“仅有座小墓随葬极少量的细小玉器，有的甚至是用假玉制作的”。

但是，我要怎么表达我是这个社群里的最高等级呢？他想出了一套特殊的表达方式，用了大量的骨镞，就是骨箭头，有 57 件。同时，也把猪獠牙做成冠状饰，成堆置于墓主人头骨顶端，其中一组共有 14 枚獠牙。经过检测，是成年雄性猪的下犬齿。这说明良渚人得把猪养成年，1 岁半及以上，才能把獠牙拔下来。所以，猪在良渚文化中是一种重要的动物资源，它不光是肉食资源，也是人们身份标志物的来源。

良渚人跑到嘉兴地区后，头上还戴三叉形器，但到了苏南，一件都没发现，没这个习俗。江苏人也不太爱戴玉锥形器，寺墩 3 号墓里只发现了 3 根。上海福泉山遗址也是良渚的区域中心，30 座墓里总共出土 59 件玉锥形器，平均每墓只有 1.97 件。而单件锥形器往往有些玉套管，反映了锥形器的原型，可能源于矛或箭镞。这说明，在中心区流行的标志身份等级的玉器，在周边并不一定都认同。像“梳背”冠状器，上海的良渚人有，但数量很少。上海福泉山遗址至少近半的墓里是不随葬冠状器的，不像反山、瑶山，每个人头上都插一把，不插好像你就不正常。

所以，只有良渚遗址群里的王一级，才会戴成组锥形器。

冠状器

反山发现的玉器里，有许多器型是以往良渚考古发掘或传世古玉里没有见到过的。“玉梳背”冠状器，在反山发掘以前，人们叫它“佩”，因为有孔，推测可以挂在身上当佩饰。反山、瑶山发掘时，考古学家发现，这类玉器原来都放在墓主人的头部附近，并不是身体配饰，下面也不是穿孔的，而是卯销的，可能为“涂朱嵌玉的木质神像”的组合件，“应为镶嵌于某物顶部的饰物”。于是，它有了一个新名字：冠状器。1999 年，海盐周家浜 M30 出土的冠状器，刚好镶嵌在象牙梳上，有了实证，这才搞清楚它的正确用途，相当于梳子的柄，下侧安装梳齿，需要通过梳、簪等方式插在良渚人的头上。发掘者重新定名为功能性的“玉梳背”。

反山 15 号墓出土玉冠状器

海盐周家浜出土完整玉冠状器

跟玉锥形器、三叉形器都不同，冠状器的分布范围很广，这几乎是整个环太湖地区都要用的一种头饰，而且没有那么严格的等级性，无非做得好做得差，高等级墓葬里就做得特别精美，也没有性别之分，男女都要用，而且只插一把梳子。

织 机

反山23号墓里发现了纺织端饰，3组6件，两头各3件，一一配对。这就是一套两端镶有玉端饰的织机，发掘者认为是纺织器具，分别为卷布轴、机刀、分经器，并认为轻巧、夹缝细密的织机，应是丝织专用织机，只是原来应该有3根木质横杆，有机质早已腐朽消失。这是目前中国发现最早的玉腰机（即固定在腰上的织具），距今5000年。

1992年，时任中国丝绸博物馆副馆长赵丰在他的博士论文里，对一套3组玉织机进行了复原，修订为卷布轴、开口刀、经轴，另外的部件如分经杆、梭子因为比较小，所以没有用玉器来做，可能是木质细棍。

良渚人怎么用织机，看看赵丰的复原现场。

首先，在织机上整理排布好经线，席地而坐，系上“腰带”，将卷布轴固定在腹前，双腿前伸蹬住经轴，使得织机上的经线基本平齐；用开口刀挑起经线形成开口，梭子引纬线而穿过，放平开口刀，打纬后抽出，再进行下一纬的织造。织到一定长度后，经轴翻转放出卷好的经线，卷布轴卷入织好的织物，直到全部织完。

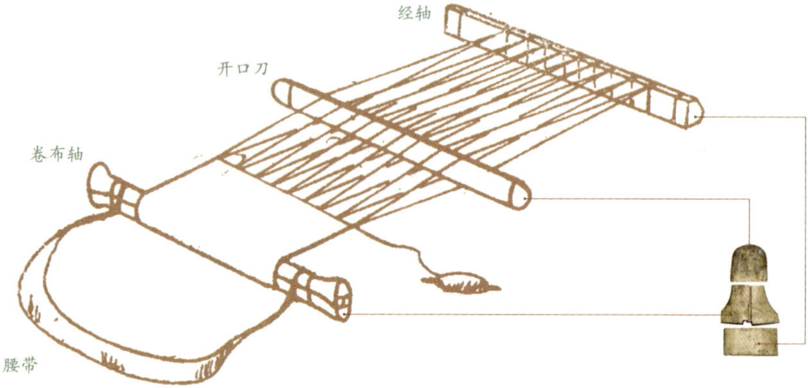

良渚织机复原图

从反山 23 号墓的发掘现场来看，这套玉端饰的两头相距约 35 厘米，也就是说，5000 年前的良渚人已经可以织出幅宽在 35 厘米以下的织物了，但不一定用于衣着。反山墓葬中还有很多迹象，比如那些孔眼细小或背面有隧孔的各类玉管珠和饰件，就是用丝织品这类软织物穿缀的。所以，在良渚遗址中找到丝蛋白痕迹，是迟早的。

连织机的端饰都是玉料做的，可想而知，这套织机不是普通女人可以用的，而是代表了良渚社会的先进生产力，搞不好，23 号墓主人是良渚纺织集团的老板娘。

1958 年，浙江湖州钱山漾遗址发现的家蚕丝线、丝带和绢片，是长江流域出土最早、最完整的丝织品实物，说明距今 4400 ~ 4200 年的长江流域已有养蚕、缫丝、织绸技术。良渚遗址的植物考古中发现了桑树的花粉孢子，说明具备了丝绸的物质条件。化干戈为玉帛，有玉，一定会有帛。良渚文化中的玉、漆、丝、象牙器都被少数贵族阶层独占，是统治者身份、地位、权力的指示物和象征物。

黑 陶

考古学家对陶器敏感。作为日常生活用品，陶器易碎——生命短，这就意味着更新换代快，人们要不断做出新的，加入新的灵感，形态就会发生多种变化，时间、空间、丧葬、功能、流行趋势……陶器包含的信息量超大，参与了社会生活的方方面面。所以，它是人们研究历史的首选。考古学家会根据陶器的质地、制法、形态、花纹等等区别考古学文化类型。

比如良渚文化消亡后的龙山时代，人们创造了蛋壳黑陶，而良渚人的陶器，基本就是“黑历史”了。

良渚人喜欢黑陶。不像万年前浙江浦江上山文化，流行红陶。他们平时爱用的餐具主流色，就是现在时尚设计师的最爱：黑色。良渚黑陶只是外面黑，所以也叫“黑皮陶”，胎体有灰色、米黄、浅褐色甚至红色。

所以，红陶也不是没有，只是少。比如平时良渚人烧饭煮菜用的鼎和甗（yǎn），部分是红陶。

餐具上的这层“高级黑”是怎么烧出来的？

有一种方法，叫“熏烟渗炭法”。良渚人先给陶器涂刷一层陶衣，再抛光。这件作品在陶窑里就快大功告成时，还有最后一记神来之笔——颜色到底好不好看，要看烧制时陶窑里的“气氛”控制得好不好了。人们利用窑内产生的大量浓烟，让烟气里的炭慢慢渗进陶器里，最后，“熏”出一种亮亮的黑。

黑陶虽然颜色素，但胜在造型和花样多，设计师款大爆发。比如装饰，设计了各种纹路，还有镂空、戳点、彩绘等。

良渚墓葬里大部分随葬的陶器是实用器，有的可能墓主人生前用过，有的是新的，没有使用痕迹，直接入土。小部分是明器。

良渚陶器的种类有二十多种，大致可以分为厨具、餐具、酒水器、收纳器，一应俱全。我们是怎么知道功能的？日本奈良教育大学金源正明利用炊器外部烟灰形状，结合残留物分析和实验考古，判定良渚陶鼎有不同的设计用途，有的是用于蒸饭，有的用于煲粥，也有的用于煮菜饭等，跟我们现在厨房里各种功能的锅一个道理。

良渚人用三只脚的陶器煮饭做菜，比如鼎、甗、三足盉（hé）、袋足鬶（guī），功能相当于釜。因为要高温煮菜，所以良渚人专门用夹砂、夹蚌、夹炭的陶土来制作，耐火，还防裂。

鱼鳍形足陶鼎

三足盉

袋足鬶

比如大口浅腹的盆形鼎，内壁检测到很多动物脂肪酸，说明可能用来煮肉，而且大肚子的造型，也适合搅拌。

还有一种蒸锅，叫甗，专门用来蒸食物，叫“隔档鼎”，里面有一圈隔档，隔档下沿还有一个注水孔，便于水蒸气缺失时加水，食物就放在“蒸架”（箅子）上。专家做过取样，隔板及内壁检出了动物和植物脂肪酸。

还有一种更高级的蒸锅组合，鼎上面放甗，通过鼎内的沸水把甗里的菜肉蒸熟。

至于餐具，豆、盆、圈足盘、簋（guǐ），等等，分别用来盛菜、汤、干果。尤其是盆、簋，一看就是煲汤用的，有子母口，有盖子，保温，不易洒。

随葬陶器的鼎、豆、罐组合，在良渚遗址群的良渚文化墓葬中比较普遍，有别于嘉兴和上海地区的良渚文化墓葬随葬品中鼎、豆、双鼻壶的基本组合。反山墓葬中的陶器基本放置在墓主脚端部位，也是一个特点。

双鼻壶

双鼻壶是良渚人的特色，属于水酒器，它身上有个一眼就能记住的标志：一圈“游泳圈”，专业说法是带鼻的颈部。

1936 年施昕更先生在良渚考古试掘时，就出土了双鼻壶。卞家山遗址出土了 13 件实用的双鼻壶。它可以装水，也可以装酒——目前考古学家还无法确定某类器物到底是装酒还是装水，所以统称为水酒器，包括双鼻壶、贯耳壶、壶、杯、宽把杯、匜（yí）等。三足盉、匜、杯，可以组成一套茶具，适合仪式性的茶席。三足盉用来煮开水，匜分茶，再用杯子喝茶。

卞家山出土四足方盘（像不像茶席）

良渚遗址虽然没发现茶叶，但是，距今 6000 年的余姚田螺山遗址（属于河姆渡文化）已经发现人工种植茶树和茶树根的遗存，通过对遗存当中茶树根的切片和茶氨酸的检测，基本可以判定它就是人工栽培的茶树根。

重点说说酒。

作为良渚人的前辈，距今 9000 年的上山文化义乌桥头遗址，发现了一只陶壶，送到了斯坦福大学去做检测研究，专家在陶壶的残余物中发现了大量霉菌和酵母。9000 年前，桥头人已经酿酒了，这只陶壶可能是中国最早的酒器。

良渚人不甘落后。袋足鬶、宽把杯、双鼻壶，可以构成一套完美的酒具。

先用袋足鬶温酒，怎么温呢？良渚人的想象力，对于有限生活条件的改造，比我们现代人要丰富。他们把酒倒进三只胖胖的腿里——袋足，而且是空心的（跟它造型比较像的三足盉的三条腿是实心的），这是良渚人模仿下垂的动物乳房做的造型，一件充满了生命力的日常用品。它的外壁直接受火，这样温酒，容量大，又快。

酒温好了，不急着喝，得先分酒，跟我们喝红酒一样讲究。

宽把杯或许是用来分酒的杯子，也可以自酌自饮。最后，拿双鼻壶喝酒。研究良渚陶器的考古学家赵晔认为，双鼻壶和宽把杯是特制的器皿，而且大都带盖，专用于酒品的概率很大，盖上盖子可以保温，也可以不让酒精挥发。

宽把杯

双鼻壶

圆规

这些年，如果你来良渚古城遗址公园玩，电瓶车开到钟家村，眼前会出现一个探方，八九人全副武装，拿着手铲，重复一个动作：刮面。

从 2020 年 9 月开始，钟家村一边进行精细化考古发掘，一边作为公众考古的体验点，每隔一段时间就会招募一期十位田野考古志愿者。也就是说，这里的每一个发现，小到指甲盖大小的燧石，都可能是普通人亲手发现的。

某天，良渚晚期地层出土了一件带刻划纹的陶纺轮。图案中心有个正圆，外侧 5 条反向半弧，形成类似五角星的图案。“五星出东方利中国”，有了良渚版。

钟家村出土陶纺轮

从制作痕迹分析，这些圆弧线应该是由“圆规”工具画成的。良渚明显有矩尺工具存在。蒋卫东曾发掘过一把穿孔石刀，孔上有矩尺划出的两个直角定位线。古代的矩可能就是“工”字形的，矩一端固定，一端旋转，就是规。有规矩乃成方圆。王宁远一直在琢磨良渚人是如何进行远距离测量控制水坝高度的，必须有矩尺和垂球，而最方便的垂球，可能就是纺轮。而方向明则认为，陶、石、木陀螺可能才是。

纺　轮

纺轮，最初用来捻纤维成线的工具。成套的纺轮包括两个部分——纺轮和拈杆。纺轮大多呈圆饼形，陶质，另外还有少量的石质、骨角质甚至玉质，易于留存。中间有穿孔，用来穿长条形拈杆。日常使用的拈杆在史前无非是骨质、木质等常见的有机质原料制作的，从材料获取和制作难易度看，可能大部分都是木制的。因此在考古发掘中，我们发现的纺轮多，拈杆少。

瑶山 11 号墓，也就是良渚女王的墓里，出土了圆饼形的纺轮，白玉做的；细细长长的拈杆穿过钻孔，为青玉，合起来叫纺专。

怎么用?

把理好的纤维捻出线头，系在拈杆上，旋转纺轮，利用纺轮的转动惯量牵伸纤维，旋转加捻，一段段捻制成线后，卷绕在纺轮上，形成线团，作为织布的原材料备用。从考古资料来看，中国早期先民能够使用的纤维原料主要是豆科的葛、荨麻科的苎麻等植物。

良渚玉器的多重性中，就有性别之分。之前我们讲到怎么判断这

瑶山 11 号墓出土玉纺轮

个墓主人是女性，作为纺线工具，纺轮就有鲜明的性别指征。纺轮自发明以来，主要为女性使用，是“男耕女织”社会的实物证据。因此，一般都随葬于女性墓葬中，在墓主人骨无存的情况下，成为考古学家初步判定墓主人性别的重要依据。

不过，目前良渚出土的玉纺轮都未发现有使用痕迹。而且，在反山和瑶山两座王陵里，只发现了三件玉纺轮，以及一套纺织玉端饰，
(223) 可以复原为一件原始腰机 织机，但是我们实际在王陵里发现了八座贵族女性墓。所以，纺织工具，是否也是地位等级的礼器象征？

玉　蝉

反山 14 号墓出土过一只玉蝉，不过，那是一只幼虫的形态。2020 年，北村遗址发掘，106 号墓墓主人是一位女士，我们先叫她 106 女士。她的墓葬中发现了一只疑似玉蝉。蝉？蚕？蛾？一开始，各种推断都有。它被送到动物考古专家宋姝的实验室。从玉雕上很多细部特征来看，确定为蝉。

反山 14 号墓出土玉蝉

北村 106 号墓出土玉蝉

玉雕是经过人为艺术加工的，虽然不是写实的表达，但是还会保留或者突出物种的某些特征。这只玉雕突出的是动物的眼睛、腹部、翅膀纹路和尾部，宋姝从这四方面进行分析。

而我们再看一下蚕蛾照片，触角非常具有代表性，如果作为玉雕应该也会体现这一点，显然，这只玉雕不是蚕蛾。

这是良渚遗址第一次发现蝉的成虫形态。

我在实验室看到了那只比大拇指大一丢丢的玉蝉，放在一只透明小盒子里，下面垫着一张手写的文物标签，不是标准的“玉蝉”，而是两个名字——良渚第一蝉、中华第一神蝉。王明达取的名，方向明写的字。

此前，红山文化也出土过虫形玉件，“应为作茧初期之蚕蛹”（牟永抗语），也就是蚕宝宝。因此，北村的中华第一蝉，不仅是第一次，也是目前所见最早的玉蝉。

玉蝉的含义，很多人会想到生死。

在新石器时代，石家河文化出土的玉器中，玉蝉占的比例非常高，形态也很丰富，而且已经是“神蝉”，触角都做成了“介”字形。在湖北省天门市石家河肖家屋脊遗址出土的石家河文化的 6 号瓮棺里，出土了 11 件玉蝉，不是像五铢钱那样撒下去的，它作为头上的缝缀件，可以一串串起来。

蝉纹更是商周青铜器的主要纹饰之一。上海博物馆藏有一件西周晚期青铜器“芮伯启壶”，身上爬满了一串串一只只写实的立体蝉，方向还不一样。CT 检测显示，这几十只蝉采用二次混铸而成，也就是事先把做好的铜蝉嵌于外范之中，待合范铸造器身时一并铸接成型。

良渚文化玉器中，有一部分是缝缀件，比如玉蝉、玉鸟、玉龟等，

芮伯启壶

背面都有隧孔，可以缝在衣服上当胸针。106 女士拥有的这只玉蝉，差不多放在她的胸部位置，看反面，也有一对隧孔，因此也是缝缀件。这些缝缀件，当然不止装饰这么简单，意味各不同，玉鸟和信仰体系的关系，不用说了。那蝉呢？很多人知道，在汉代，人死后，含着玉蝉，意味就很明确，复活与重生。那良渚的蝉呢？

瑶山墓地还出土过一些椭圆形的缝缀玉件，带缝缀孔，一般称为瓣形饰，形状很像蝉。做玉粒很麻烦，做成指甲盖大小的椭圆形，费时费工费眼力，成本也很高。它象征什么？方向明也经常想这个问题。反山 14 号墓的玉蝉样式与它接近，这些椭圆形的玉件会不会是简化版玉蝉的造型呢？

反山14号墓的玉蝉，方向明在画线绘图的时候，把它的眼睛展开，发现和龙首纹眼睛非常接近，也就是后来神徽中神兽的眼睛。北村的玉蝉上，也刻了很像神像“介”字形冠的羽毛，那性质就完全不同了。至少对于神像起源的解读，又多了一重线索。良渚刚刚拉开序幕，良渚人就把蝉纳入到了良渚信仰体系中，成为重要内容之一。

瑶山出土瓣形饰

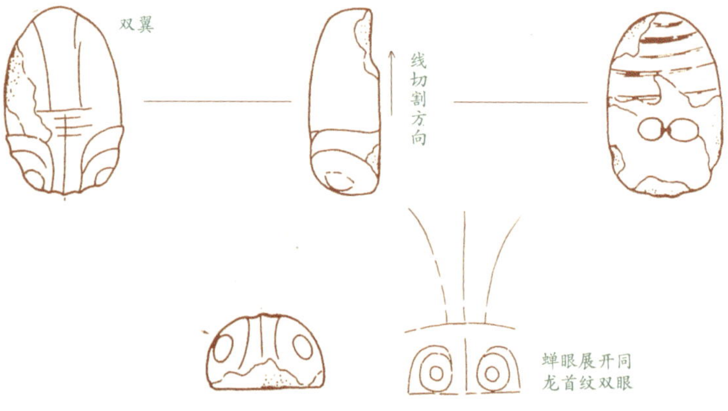

蝉眼和龙首纹之眼　方向明绘

嵌玉漆杯

神像是良渚最大的 LOGO，这个“良渚文创”在玉器、漆器、象牙器上无处不在。但照搬是仿制和复原，“创”应该对元素进行重组，不同的材质可以有不同的创意。从这点上来讲，翘流嵌玉漆杯胜出。

这只漆杯全身镶嵌大小玉粒，星星点点，总数有 141 颗，长度居然能小到一二毫米。说明当时玉材的珍贵，良渚人能充分利用边角玉料，而且用到了极致，采用滚磨工艺来加工细小的玉粒，又利用漆作为黏合剂，把各种镶嵌玉结合在木质的胎体上。

牟永抗先生曾讲到镶嵌件：指大量细小的无孔玉粒及某些捉手、圈足之类的玉件，它们往往与髹漆综合地装饰在有机质的器具上，既可称为漆器，也可认作镶嵌的玉器，开后世青铜器镶嵌的先河；它们的发现，大大提前了我国镶嵌工艺的历史。

复原的嵌玉漆杯

这只杯子只是镶嵌一堆小星星就完工了吗？

这位良渚原创设计师，有心机的。5000 年后，方向明在重画上面的纹样后才发现，这把壶上，还有神兽纹，以及围绕着大小圆形玉片的螺旋纹。圆圈和螺旋状纹围绕着玉粒，就像兽的大眼睛，可以说创意到了极致。

嵌玉漆杯复原图　方向明绘

以上这段产品描述，如果没有当时对漆杯的急救，考古学家和我都编不出来。

反山墓内清理时，经常会发现东一片、西一片的朱红色漆片，破碎，又和泥土附着在一起，无法起取。其中有些大块可辨别，就是涂在葬具上的漆。在随葬玉钺的5座墓中，葬具上残存有大片漆层，由于葬具塌朽，已无法起取复原，但在照片上清晰可见。

嵌玉漆杯出土时的样子

1986年6月15日，上海博物馆的吴福宝师傅到达反山，工作了近20天，指导并参与了12号墓中漆器起取的全过程。

操作步骤：用马口铁做成比漆器略大的无底框子，把漆器四周的泥土挖切整齐，然后用马口铁框子套住，一定要紧密，防止松散，慢慢用木棒轻轻打压框子，一边小心清掉下面的泥土，到估计不会碰到漆器的深度再往里掏土，框子全部套住漆器后，把框子捆绑结实，接下来用棉纸一层一层铺在漆器面上，一定要服贴，不留空隙，然后在棉纸上注稀石膏，待石膏硬结后加盖马口铁盖板，最后用马口铁的底板插入框子底部，轻轻搬起，全部用绳子捆结实。

吴福宝在剔象牙

反山出土的漆器送到上海博物馆，光是这一件嵌玉漆杯，他就修了 2 个月。漆杯出土时，跟我们现在在浙江省博物馆看到的样子完全不同，压扁、变形，原有的胎骨腐朽不存。好在随葬时的位置比较特殊，没有散架。吴师傅依据漆杯的原大尺寸，用河姆渡遗址出上的已脱水的木材，雕挖成胎骨，用代用品涂“漆”嵌“玉”，复制了一件。王明达说，这件复制品也是文物，现藏于良渚博物院。

关于漆器，浙江的考古学家在宁波余姚井头山遗址的两件木器上，发现了黑色涂层，经过鉴定，确定为天然大漆，这也是迄今发现的中国最早的漆器，将中国乃至世界使用漆的历史提早到 8000 多年前，说明杭州湾以南的宁绍地区是漆文化的起源地，跨湖桥文化和河姆渡文化是早期漆器工艺的主要发展区域和主要传承者。

所以到了良渚时期，良渚人的生活里，用漆很常见。而且，在良渚文化里，漆器的使用空间跟象牙和玉器不一样，象牙和玉器我们只

漆盘

漆豆

彩绘漆盖残件

漆筒形器

卞家山出土漆器

在墓葬里发现，而卞家山、钟家港发现的漆器，很多出现在河道里，它们也是良渚人生活中的用品，不管是贵族的生活，还是仪式的生活——祭祀活动中使用的器物。而且漆器上也有纹饰，有很多跟兽面纹可以直接对应。

赵晔说，卞家山的漆器可以说震惊世界。为啥？之前挖到的漆器都是没有形的，只有扁掉的痕迹，而卞家山由于特殊的埋藏环境，漆器饱满、立体，拿得出手——大部分可以直接拿出来观摩，而且，表面的红色、黑色，鲜艳如新，纹饰也看得很清晰。比如漆觚的造型，是首次发现的器型。平底、收腹、敞口，良渚的陶器里没有觚这个器型，但是漆器有觚，这就是一个很重要的发现。而且，漆觚的腹部也出现了标志性的螺旋形，其中有一件两组凸弦纹内，用红漆线填以黑漆，描画着变形的云纹。除了觚，还有豆、盘，筒形器之类的漆器。筒形漆器也是首次发现，由一块整木挖凿而成的容器，外面装饰朱漆。

卞家山出土漆觚

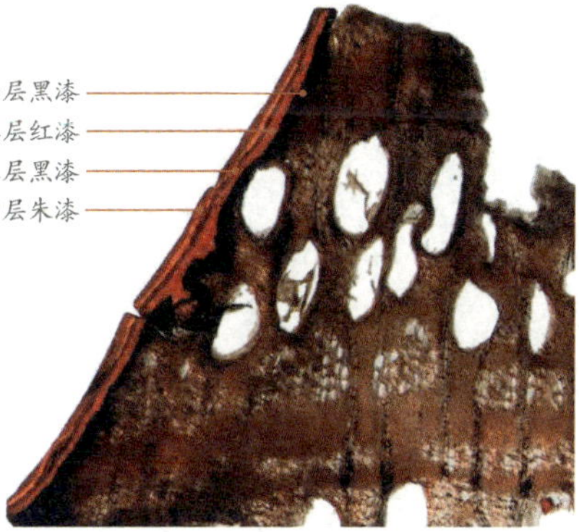

卞家山出土漆觚涂了四层漆

还有漆绘器盖，上面画满了变形鸟头的花纹。良渚文化的漆器制作水平在卞家山遗址得到了集中展示。

做漆器很复杂。漆木器，也就是木胎的漆器，是良渚文化中比玉器更能够反映所谓贵族手工业生产体系的一个器类。它是个复合的资源和技术。你要有好的木头，要有高超的做木胎的技术，还要有很好的涂漆技术，一层一层，有的加了颜料，比如朱砂，有的还要画一层黑色，就跟我们现在做漆器一样得刷好多遍。跟省考古所合作多年的日本研究团队认为，良渚时代已经有不同等级的漆器出现，比较高级的漆器可以有 4 层髹漆工艺，比如卞家山漆觚。最顶级的，就是嵌玉漆杯，还要有嵌玉技术。所以，漆器，是一种得把不同的资源、不同的工匠技术整合到一起来体现生产力的器物。

漆器很难保存下来，我们目前还看不到它跟祭祀信仰仪式有关的更多的连接，但并不代表它在表达信仰上比玉器逊色。

伍 LIANGZHU DICTIONARY FIVE

龙 首

一句爆款标题：一位杭州女子意外得到了一件龙首玉镯。

北村遗址的106女士 良渚女人 看到新闻不太高兴。什么意外，（260）这是应得，是身份，是地位，六龙首玉镯，全球限量一只好吗？

一只玉镯上，六只龙首，这是目前良渚遗址第一次发掘出土六龙首玉镯，比瑶山1号女士的四龙首镯还要多两个头。1号女士的这只龙首镯，不是放在身边，而是放在棺盖上——这是考古发现的“原状陈列”。

玉龙当然不是良渚专利。它最早出现在东北西辽河流域的红山文化。到了崧泽文化晚期至良渚文化早期，红山文化的这种流行趋势传

北村106号墓出土六龙首玉镯

瑶山1号墓出土四龙首玉镯

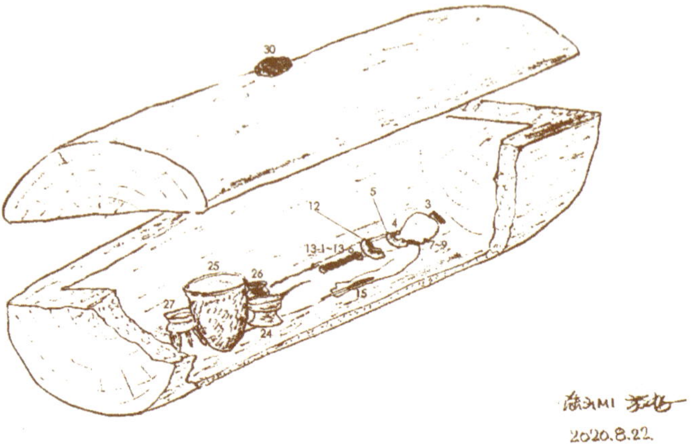

瑶山1号墓葬具复原图　方向明绘

到了太湖流域，开始影响我们，各种文化传统的对撞、转型，人们有所舍弃，有所创新，玉龙完成了一系列图像的转换。

1992—1993年，良渚遗址群梅园里遗址首次出土环状的单体玉龙。1995年，桐乡普安桥遗址除了出土环状小玉龙，还首次出土了有豁口的玉龙。迄今为止，加上良渚遗址群官井头、余杭后头山、海宁皇坟头、海盐仙坛庙、昆山赵陵山等遗址都有出土的龙首纹和龙首图案玉器，目前加起来有十几条龙，分布地域广，上海、江苏都有零散出过，但主要集中在良渚遗址群及临近区域，年代在崧泽文化晚期到良渚文化早期。毫无疑问，良渚遗址群是玉龙的主要出土地点。

多不是最重要的，变化，如何变化，才是走进早期良渚人内心世界的通道。

最开始，自然是单体的小玉龙，先模仿嘛。请注意，玉龙的形态与远在上千米之外的红山文化玉雕非常接近，李新伟曾经提出，这一时期存在着远程区域高层领导之间的“上层交流网”。

桐乡普安桥
良渚文化玉龙首

海盐仙坛庙
崧泽文化玉龙

红山文化
玉龙

很快，其他款式开始出现了——蜷曲玉龙的首部，就叫龙首纹。龙首纹一般以一个正面和两个侧面表现龙首的形象，往往雕琢于圆牌（小玉璧）、璜等的缘面，这就是龙首纹玉器。反山 22 号墓编号为 26 的玉圆牌，一组 6 件，放在墓主人胸部，系孔基本向上，系孔另侧都减地雕琢龙首纹。这也是反山发现的唯一一组“写实”的龙首纹图案，不过展开图有点像猴脸。

设计师想了想，再搞点花样，龙首纹反复出现会不会很有意思呢——二方连续来了，这就变化到了龙首图案，往往雕琢于管珠等外壁。

瑶山、反山属于良渚文化早中期，也是龙首纹玉器还在盛行的时期，以瑶山龙首纹玉器最令人瞩目。如今，北村 106 女士的龙首镯子横空出世，占领榜首。

这是一个动态变化的过程，转换速度很快，在良渚拉开大幕的时候，良渚的先行者就完成了图像从具象的玉龙演变为图案化的龙首纹。

（001）良渚时代

那么，这只是单纯围绕一条龙的图像转变吗？

早先有研究者认为，龙首纹是良渚先民供奉神像以外的另一种神灵，和神人兽面纹是共同存在的，属于两套体系。但是，画遍良渚玉器的方向明先抢答了，不是的。排比句先来一组——

比如，瑶山1号女士的四龙首镯在耳朵部位之外刻了一对“犄角形”的图案，而这种“犄角形”的图案在瑶山M12玉琮的截面上也有所表示。

还有，瑶山M4出土的编号为34的玉璜，兽面纹架构了龙首纹和兽面纹之间的桥梁，有龙首纹鼻梁部位的菱形刻符，有实际上是龙首纹耳朵演变而来的尖角眼，有龙首纹的圆弧线外廓，有龙首纹眼睛斜下部位的“泪线”刻划等重要组成元素。尖角眼兽面纹在反山、瑶山刻纹玉器中数量还不少，不过尖角眼马上被月牙形“眼睑”（耳朵）所替代了。

“如果说玉龙的基本构成植入到了兽面纹中，那么主宰良渚玉器的兽面纹某种程度上也可以称为‘龙’；如果说圆和弧边三角组合纹样直接移植到了兽面的大眼睛上，那么圆和弧边三角组合纹样的寓意就是‘龙’的灵魂。”

神像的前身就是龙首，而不是两套“祭祀”体系。不仅是前身，它也是神像的主要内涵之一。同为信仰体系，龙首纹和蝉有致命区别。蝉到了晚期，可能还会继续存在，而龙首纹玉器，在良渚文化早中期之后，消失了。

龙首纹的犄角跑到玉琮上　方向明绘

眼睛的图像从龙首纹向兽面纹演化　方向明绘

换句话说，良渚的先行者在选中这片土地之时，已经完成了神像的新创作——龙首纹融入到神像中，当标志良渚人信仰体系的“国徽”神像最终确立之时，玉龙、龙首纹也被彻底抛弃，没有必要存在了——你中有我，我中有你。

玉架山

玉架山对我来说有点特别。

2012 年 4 月 1 日，从事新闻工作的第 3 年，我进入《钱江晚报》做文化记者。第一条新闻，跑的就是它——4 月 13 日，余杭玉架山史前聚落遗址评上了年度全国十大考古新发现。那天，我第一次拨通了刘斌的电话，写了第一篇考古报道（豆腐块大小）。4 月 18 日，第一次前往考古工地，第一次看到了在现场发掘的考古人、领队楼航。

玉架山遗址在杭州市临平区，西距良渚古城遗址 20 多千米，一个小时车程就到了。2008—2020 年，浙江省文物考古研究所和中国江南水乡文化博物馆（原余杭博物馆）合作，持续调查、勘探与发掘。

虽然跟中心离得很近，但玉架山呈现出来的社会组织结构，完全不同，首次发现了六个环壕遗迹，构成了一个良渚文化的完整聚落，等于一个大型社群。这种聚落模式不仅是良渚文化的首次发现，也是长江流域史前考古的新发现。

发现第一个环壕（外围由水系包围的一块土地）后，同一年，考古队员又发现了后来编号为Ⅵ的环壕。当时，他们还不能认识和确认它们之间的联系。而后，又陆续发掘出了四个环壕。

他们还不死心，沿着环壕Ⅵ往外挖了3000平方米，还没有发现其他环壕，玉架山聚落遗址的完整性才得以确定。这六个挨着的环壕，是六个氏族，它们共同组成一个村落，相当于5000多年前良渚王国的基本单位。环壕（253）

玉架山这个村子，女人比男人厉害。如果选举村长，可能就是她，一个高等级的女性显贵大墓，编号200。良渚女人（260）

2010年5月底，从发现到清理完成，这一个墓葬前后就花了一个多月。开始发掘时，楼航始终觉得那块土色有异样，但又找不出清晰完整的墓坑线，反复铲刮地面，折腾了很久。

楼航给我发了张照片。时间显示：2010年5月28日，15:39:14。那一刻，M200，这个贵族女人的大墓刚刚清理完成，考古

玉架山遗址环壕

队员和技工正在做绘图和文字记录，电脑前坐着的就是楼航。

那天，他终于画出了墓坑线。上午快收工的时候发现了陶器。很快，又发现了琮式镯、平顶透雕刻纹冠状玉梳背等器物。

但是，玉架山出土的玉器，跟良渚遗址群里的不太一样，不管是玉料还是纹饰，甚至出现了山寨版，墓葬里还出现了一只像小朋友自己刻着玩的“课堂作业”玉琮。玉架山跟中心离得这么近，但并不是一个集中分配的关系。

所以，玉琮有这么高级吗？为什么这件幼稚的琮也放到了墓里？说明它是有用的，并不是说做得差就不要了。那么背后，是否反映了一种仪式活动的普遍性和公共性？

良渚古城是都城，光知道一座城，对了解良渚文化的社会结构还远远不够，我们需要对社会组织、构成和关系，有全面的掌握。玉架

考古队员在玉架山 200 号墓工作

山就是很好的材料。

为什么？良渚文化跨度1000年，从早期到晚期，玉架山一直都在，没有废弃，人们始终在这里生活，所以此地展示了一个完整的社会形态。而且遗址清理出了良渚文化墓葬641座，出土陶器、石器、玉器等近9000件（组）。整个良渚古城里发现的墓加起来，也就这点。如果说良渚古城是当时的政治、经济、文化中心，玉架山就是它的附属地，是良渚文化的次级中心聚落。

“课堂作业”玉琮

环 壕

出现环壕，说明定居生活早已深入人心。良渚人的环壕，当然不是他们发明的，我们来看看前辈的小日子。

2000 年发现的浦江上山遗址，把浙江新石器历史上溯到了 10000 年前。房屋建筑，是定居的最直接证据，“上山人”率先进入到定居时代，出现了初具规模的定居聚落，也就是早期村落，是中国农业社会的发端。上山文化可以说是“农业”“定居”在东亚社会里真正结合在一起的最早实证。

聚落发展到一定阶段，有一个特征：环壕出现了。通俗地说，它是聚落的边界、设施，主要作用是防护，防止野兽侵袭、外部氏族入侵，抵御洪水。

嵊州小黄山、永康湖西、义乌桥头、仙居下汤等遗址都发现了环壕的遗迹。这种聚落布局是上山文化定居社会的发展形态。它见证了定居生活在钱塘江地区萌芽、壮大的真实状态，是研究东亚初级村落的最早样本。尤其是桥头遗址，环壕包围着一个中心台地，除了发现有墓葬、建筑遗迹及疑似和陶器烧造相关的遗迹外，还发现了数量众多的“器物坑”，说明环壕包围的中心台地是特意营建的，相对独立，具有某种特殊功能。

玉架山遗址首次发现了良渚文化的 6 个环壕。这里曾经发生过几次大规模的洪水，良渚人为了躲避洪水，就把生活场所建筑建高一点。除了依山造址，大多数是采取堆筑土台的形式，这样水才不会漫上来。这些环壕的平面形状大致为圆角方形，略呈正南北方向。开挖壕沟的同时，把环壕内部填高，形成可供居住和埋墓的土台，壕沟形成后，可以起到防护作用，同时也具有水路交通和生活用水的功能。

这 6 个环壕距离很近，个别环壕之间还有水路连通，说明它们之间既相对独立又有内在联系，可以视为一个大的环壕群，一个大型社群。环壕内发现的建筑遗迹和墓葬不成比例，每个环壕可能只是一个家族或宗族墓地，环壕内少量的建筑遗迹，或许是祭祀场所。如果是这样，它与以往所见以居住或防护为主的环壕聚落就有很大差别。

环壕 IV 西段

环壕 III 南段

环壕 III 西段

环壕 I 南段

环壕 II 东南转角

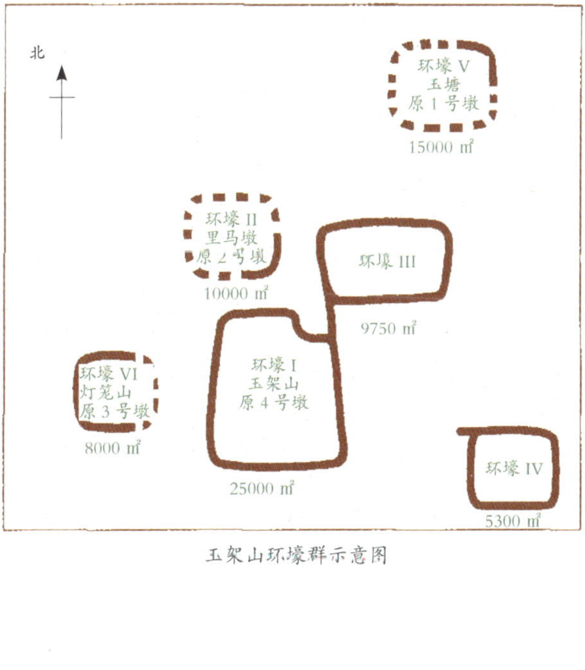

玉架山环壕群示意图

北 村

2019 年 4 月至 12 月，因配合瓶窑镇小城市改造凤都路延伸项目建设，浙江省文物考古研究所对良渚遗址保护区以南进行了大面积的调查和勘探，在距离良渚古城南城墙以南 2 千米处，发现了北村遗址，为良渚早期偏早的一处聚落，北村南高等级墓葬出土的玉器表明，其年代可能大致相当于瑶山阶段，距今 5300 ~ 5100 年，在良渚文化 1000 年的生命史里，属于早期阶段。

北村地理位置图

2020 年上半年，考古队员先发掘北部。为了便于记忆和讲故事，我们就叫它北村北，主要发掘了两个地方——丁家山和北王庙，发现了 91 座墓葬，良渚早期偏晚到晚期。

我们看看，数量好多，但考古队员有点小丧。王宁远说，我们实际上是比较纠结的，等级都很低，差到什么程度？连陶器组合都不全，一般的平民都算不上。

2020 年下半年，开始发掘北村南，分为西部和东部。

106 女人等这一刻，等得有点久。

如果你们先来北村南，结果会不会不一样？如果晚一点来，我们是不是就被推土机推平了，你们永远也不会知道我的存在……

眼前这片黄土，就是她的家。

北村南和北村北已经清理良渚时期的房址 20 多座。北村南的台地上，遍布良渚早期房址。西部发现的 4 号房址，密密麻麻整齐的柱洞，很有规律，106 女士的大家族都住在这里，他们的房子，就是良渚早期的干栏式建筑。

生于此，葬于此。

目前，北村遗址共清理良渚时期墓葬 122 座，北村北 91 座，北村南 31 座——北村南再细分，西部 9 座，东部 22 座。在一张分布图上可以直观看到，北村南的东部墓葬明显比西部密集，但比多少是没用的，质量取胜。

东部目前共清理良渚时期墓葬 22 座，编号：M101—122，根据出土器物判断，男性 4 座，女性 5 座，另外 13 座性别不详。

106 女士，就在其中。

很奇怪，她和 M101、M104、M107，集中分布在靠近山体的北部台地上。106 女士和未成年的 107 男孩并列排在一起。

这四座墓出土的玉器都是高级的透闪石玉，在良渚玉器材质中排
(185) 名第一。玉料

还有一点很奇怪。

我站在 106 女士家门口的台地上，明显感觉地势一边高，一边低——北边高，南边低。台地边坡上，分布着一排差不多正方形的柱坑，几乎排成一条直线，等于一条条华丽丽的分割线，把台地分成了北部和南部。

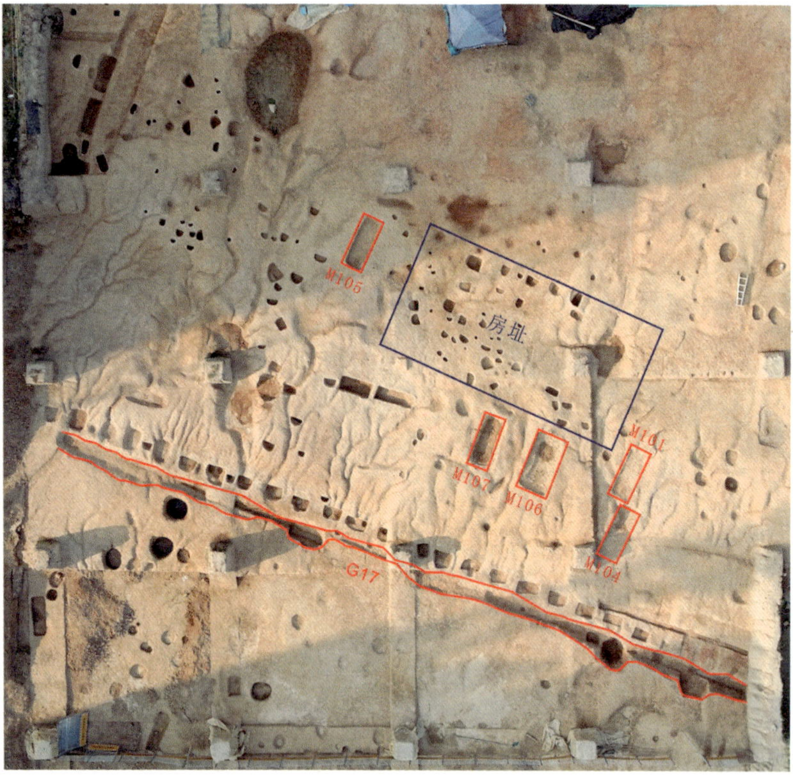

身份地位分割线

分割啥？

再看一条线索，墓的朝向。

北部台地上目前已经发掘清理且墓向明确的 8 座墓葬中，7 座朝南，1 座朝北（M105），106 女士在内的等级最高的 4 座墓葬（M101、M104、M106、M107），全部朝南。而南部地势较低区域的 20 座墓葬中，大部分朝北——16 座朝北，只有 4 座朝南。

答案很明确，分割等级。

106 这位女村长携几位贵族住在别墅区，不想和平民区混在一起，这一排柱坑，疑似为用作隔断的建筑遗迹，可能是栅栏，等于边界，将台地的高等级墓葬与南部相对较低处的低等级墓葬隔隔开。在彼岸世界，你们也不能越界。106 女士很傲慢。

一句话总结，北村南的男性等级整体比女性不止低一点点。南部聚落地势较高处为独立的高等级贵族墓地及居住区，与位于其南部地势较低处的墓葬和居住区以围沟和栅栏隔开，同一个聚落里，显示出明显的等级分化现象。

5300年前，有几个精英女人，在良渚画了一个圈。开头的这则新闻，或许可以这样重新开头。∞良渚女人 （260）

神王之国

方向明讲过，如果要说良渚的文明模式，其实就是中国文明模式的代表，不是之一。

良渚文明，一些考古学家认为是重巫重神权，包含复杂工程技术和高效社会组织能力的都城和水利建设，被认为是享乐型的、浓厚宗教氛围的社会。并不对。这一切的背后，自然是高度发达的经济基础作为支撑。从河姆渡耜耕到崧泽文化犁耕的出现，高度发达的农业技术和农业生产，催生和促进了这一区域的社会复杂化和文明化进程，这是决定性的。临平茅山发现了合 5.5 公顷大稻田，有分割田埂和灌溉水渠。深受良渚文化影响的浙东余姚施岙，也揭示了这一时期 8 公顷稻田。良渚古城莫角山宫殿区东部被烧毁稻谷约 2.4 万斤，池中寺粮仓炭化稻谷埋藏量达 40 万斤，足以证明良渚社会经济基础的坚实。

良渚是王权古国（王国），我们经常用“神王之国”来定义良渚，指的是“神的王之国”，不是“神国”。王权神授，神通过王来治理，而不是王通过神来治理。我们经常提到的 12 个字——“多元一体、兼容并蓄、绵延不断”的中华文明总体特征，不止是物质文明的一体、并蓄和绵延，而是观念和意识形态的趋同，还有政治组织和政治生态的认同。

良渚女人

有人说，良渚在建古城和水坝前，是一片洪荒之地。这是我们的思维定式。

从北村遗址、官井头遗址、玉架山遗址，以及龙首纹的变化中，很明显可以看出，良渚人从一开始就有鲜明的等级分化，社会复杂性从一开始就确立了。我们经常用出道即巅峰来描述良渚玉器的高级，这句也可以用来形容早期良渚的社会面貌。

早期的巅峰，来自女人。

北村 M106、官井头 M64、瑶山 M1，墓主人都是女人，良渚早期的同龄人，埋葬规格也几乎一样，等级差不多，标配差不多，女人中的女人。

她们有什么关系？

那年，106 女士走了。长方形竖穴土坑墓，头朝南略偏西，方向 200°。我们见到她时，时间已过去 5300 年。根据玉璜等性别指示特征明显的玉器和陶器，考古学家推测墓主为女性。但是，未见明显的棺椁朽痕，人骨无存，面向、年龄不详。

北村 106 女士头上插着小小的“丫”字形透雕冠状器，左手戴着一只六龙首的玉镯，手里握着一根玉锥形器，很飒很威武。随葬器物均出土于靠近棺底的位置。以单件计 71 件，其中玉器以单件计 65 件，冠状器、玉璜、龙首镯、玉镯、玉蝉、玉圆牌、锥形器、隧孔珠等，均为最高级的透闪石。陶器 6 件（豆、鼎、罐、盆、过滤器）。这是目前北村遗址发现的等级最高的墓葬，属良渚文化贵族大墓。

那时，良渚的有钱女人流行“双黄”——两只玉璜，玉璜 + 玉圆牌 + 一串管串项链，有点像西周的复古组配，文艺青年最爱，但，这是高等级女性的标配。她的同龄人，瑶山墓地 14 女士（M14）只有一个璜，级别就不够；5 女士（M5）连璜都没有，串串也没有，更惨。

官井头 64 女士呢，该有的都有，和北村 106 女士几乎一样，她是良渚早期贵族墓的典型代表。但再仔细一比，管子也大，璜也大，圆牌也大，镯子也大，相当壕。随葬器物虽然只有 55 件，是这三个墓里最少的，但用料足，一件东西用的玉料可以抵人家两件，好比直接挂一串金链子的大姐大。相比起来，精细化的刻纹玉器几乎没有，只有一只双龙首的冠状器，这种造型，整个良渚文化里只此一件。这个女人，土豪，但品位中规中矩。

再看瑶山。

瑶山遗址发现了 13 座大墓，南北两行，男性葬于南，女性葬于北。11 号墓，刚好在这一排女人的 C 位，她是早早公认的王后。头戴玉饰，手戴玉镯，象征女性身份的织具纺专都是玉做的。她有一只绞丝纹玉镯子，纹样即便今天看来，也极具现代感，如此“绞丝”，在良渚只此一件，为王后独有。

王后身上最贵重的一件玉器，就是玉璜加成组圆牌的组佩，而且，她拥有的成组圆牌数量最多，有 12 件。她身上有 4 件玉璜。除了跟圆牌搭配，脖子上还有两块并列，和管串相连，难道当时也流行锁骨美？

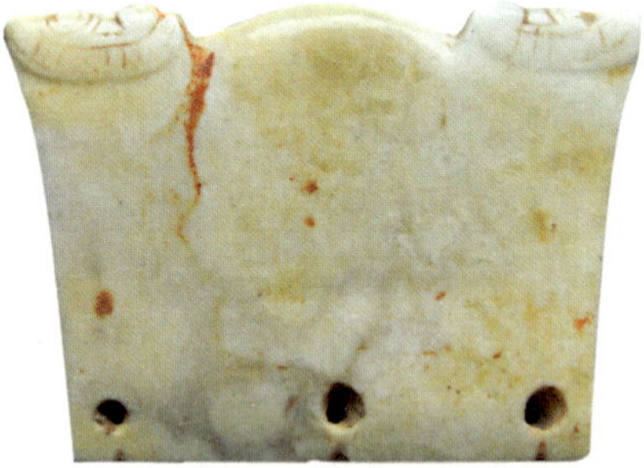

官井头 64 女士的双龙首冠状器

瑶山 11 女士的绞丝纹玉镯

瑶山 11 女士的
豪华挂饰

11 号墓的随葬玉器无论数量、种类，还是品质，都是良渚文化女性墓之最，还超过了多数男性贵族墓。

而瑶山 1 号女士，就是出了四龙首纹玉镯的那位，虽然编号 no.1，但除此之外，其他东西都一般，稍微穷一点。

斗完了，瑶山女王第一，北村 106 女士其次，瑶山 1 号女士垫底。

此时，远在临平的一个女人叫了起来。

她是玉架山 200 女士 玉架山。（250）玉架山 200 号墓是玉架山遗址迄今最高等级的墓葬，也是继瑶山之后浙北地区良渚文化早期已知最高等级的女性显贵大墓。说明在良渚文化早期阶段，临平遗址群就已经形成了作为良渚古城周边区域中心的格局。她一个人有 114 件（组）东西，玉器型制也很特别，有平顶透雕刻纹冠状梳背、镯式琮、龙首纹锥形器等器物，还有一对一端穿孔的箸形器（有点像筷子，但不是真筷子），以及一件曲度较大的匕形器（像勺子但不是真勺子）。

官井头 64 女士墓葬

3. 玉圆牌
4. 冠状器
6、14. 玉璜
7-13、15-17. 玉管
18-22. 玉玦
23-24. 玉圆牌
31-36. 手镯
45. 玉纺轮
47. 陶豆
48. 陶鼎
49. 陶罐
50. 过滤器
51. 陶盆
52. 夹砂缸
53. 陶鼎

张念哲　绘

北村 106 女士墓葬

1、2. 玉圆牌
3. 冠状器
4、33. 玉璜
5-21、26、29、30、35-37、46、48、54、59、玉管
34. 玉蝉
38-43. 玉圆牌
44-45. 玉玦
50. 龙首镯
51-53. 玉镯
64. 陶盆
65. 陶罐
66. 过滤器
67. 鼎
68. 鼎（带甑）
69. 豆

张念哲　绘

瑶山 11 女士墓葬

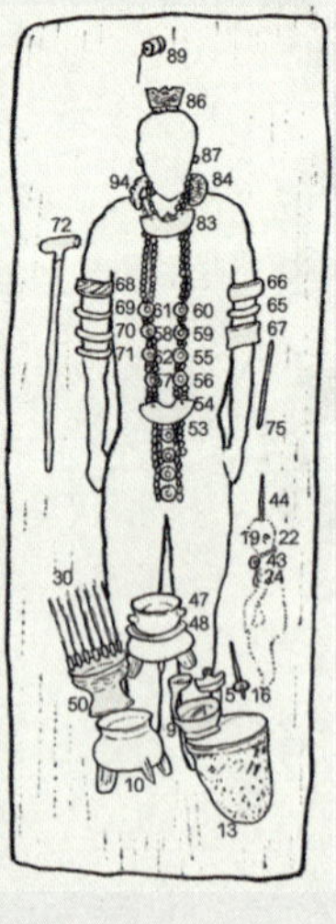

9. 陶过滤器
10、48. 陶鼎
13. 陶缸
16. 玉纺轮
19、22. 绿松石珠
24. 玉坠
30. 玉弹形饰
43. 玉圆牌
44、75. 玉锥形器
47. 陶甑
50. 陶豆
53、55-62. 玉圆牌串
54、83、84、94. 玉璜
65-71. 玉镯形器
86. 玉冠形器
87. 玉珠
89. 玉带盖柱形器

方向明　绘

但她比前四位都年轻一点，也就是年代比她们稍微晚一丢丢。比如，她有一件大孔玉璧。出玉璧，是一个典型标志——瑶山没有出一件玉璧，说明早期偏晚。

这个女人还有玉琮。

有琮没琮，差别很大。瑶山的女性墓里没有玉琮，反山王陵里，只有 23 号墓女人有 3 件玉琮。所以，良渚女性有玉琮，很罕见。这也是早期偏晚的一种体现，当然也是身份的标志。

她的东西虽然蛮厉害的，但刻纹玉器就有些山寨了，可能比较喜欢 cosplay。

要说良渚神人兽面纹的教科书标准，当然在良渚遗址群里，数量最多，纹样组成的要素和填刻的底纹，几乎达到了程式化，差不多一

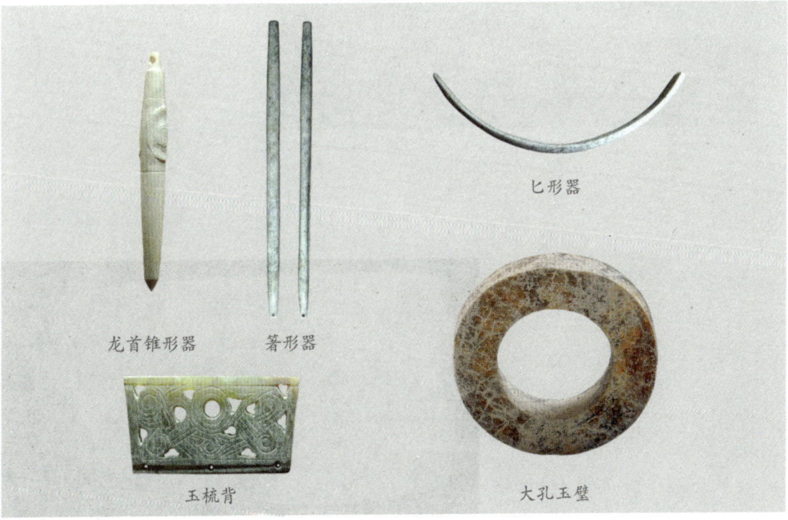

玉架山 M200 出土玉器

个模子刻出来，是范式。在良渚遗址群，反山、瑶山、汇观山、凤山出土玉器上所见的兽面纹几乎完全相同，说明在良渚遗址群内已经达到了高度的一致。

玉架山 200 女人有一只作为臂玔的镯式圆琮，很漂亮，也很高级，上面雕琢的神像图像构成和元素也与瑶山所出相同，但是再仔细看，眼角怎么刻到眼睛外面去了？差评。

这个工匠没有遵照兽面大眼的基本刻划程式，原本位于兽面大眼斜上侧的尖喙刻划，居然跑出了大眼的范围，移到了图像的上角。

玉架山 M200
刻错眼角的玉琮

在良渚核心区和周边区域，以及核心区域的不同层级之间，刻纹系统也有精微之处的不同，说明在良渚高等级中的一拨人，掌握着教科书般的核心技术，还有人在学习模仿过程中，没学好，要么走偏了，要么领会上有点偏差。

不过，方向明还举了一个特例。跟“中央”离得很近的玉架山镯式琮有山寨的风格，远在“地方”长江边的高城墩的琮，从玉质到刻纹细部，却跟中央的产品，比如和瑶山（M10：19）非常一致。日本金泽大学中村慎一教授提出，当时中央和地方存在着通过玉器的分配达到政治上支配的关系。神人兽面像 （199）

说了那么多女人的事情，你是不是已经感受到，以前我们经常提良渚古城、水坝，还有古城里的最高统治者良渚国王——反山 12 号墓大王，还有各种男人的权杖啊、玉钺啊，有多厉害，实际上，在早期良渚，是女人的天下，男人的等级都比她们低。

崧泽阶段已经有了铺垫。崧泽晚期到良渚早期，考古学家已经发现了多处墓地存在男女分排的现象。不仅在高等级的瑶山，作为平民，很穷的庙前遗址也出现了男一排女一排的现象，虽然还不是很严格，但已经有苗头。

在崧泽文化晚期，也就是良渚之前，龙首饰或者龙首纹已经出现，当然，并不是只有女性才可以用。但是在刚刚进入良渚早期的时候，高等级的精英们或许也在努力想方设法，用一些方法来表达男女身份的不同。龙纹在此时被选中了，变成了女性的纹饰。但是，这一类器物很快消失了，到良渚中期以后，这些显然拥有大量资源和技术的工匠群体，不再生产这类东西，他们所要通过纹饰表达意义的这类东西，被融入了神人兽面体系中，龙纹消失了龙首。 （245）

我们再看占有资源的能力上，到了良渚中晚期，发生了突变。女性的东西越来越少，男性的东西越来越多。早期以瑶山墓地为代表，男一排，女一排，界限分明。北列女性墓葬6座，随葬玉器743件/组；南列男性墓葬7座，不考虑被收缴的M12的话，其余6座墓葬出土玉器1839件/组，数量多点，但女性还有一席之地。而到了瑶山最晚阶段，最高等级的大墓里，男性墓里的东西显然都要比女性好。到了反山墓地，9座墓里只有2个女人，女人在高等级集团里的声音越来越小，所以性别本身，也是良渚文化中能够体现社会权力的一个内容，这背后就有很多意义和想象空间。

比如八卦一下他们的婚姻关系。

反山22号墓主人是个女人，无玉钺、玉琮，但随葬有玉璜和雕琢龙首纹的玉圆牌等，而且她的玉璜雕琢有完整的神人兽面纹，在反山所有墓葬中仅此一例，与反山12号墓大王所见相同，又埋在大王对面（北面），会是他的妻子吗？我们合理想象一下。

方向明也一直百思不得其解。不能说北边某某就是南边某某的丈夫或者妻子，鸳鸯配配到最后，也没有结果。牟永抗先生也分析过：瑶山墓地的琮全部出自男性墓。在反山，出璜和圆牌的墓仅M23出琮1件。由于北列墓明显少于南列，不同性别的墓主人不一定是配偶关系。

只有一件事可以确定，这一排只有一位等级比较高的女性，对面那排中也只有一位等级最高的男性，庙前如此，瑶山也同样——男性那一排最显赫的一定是被盗的12号墓主人，北边就是瑶山11号女王。笼统一点讲，那时的婚姻制度我们不清楚，但应当是一个血缘宗族社会。一个男主人，一个女主人。

男女分排，为什么分别只有一个特别显赫呢？

不知道。给大家一点想象的空间。

还有一件很重要的事。良渚早中期以后，标示女性身份等级地位的重要玉器——璜 + 成组圆牌，突然消失了。方向明说过一句话，这是女性最后的尊严。

为什么？

他认为，有两方面原因，一方面，原来它是女性的重要标示物，后来没有了。小圆牌，在长江下游地区就发展成玉璧了。取而代之的是，普遍崇尚石钺，女人也随葬石钺，而且是普遍现象。当然跟社会的崇尚有关系，尚武也有一定关系。而且，在多个墓葬里，钺和璜共同出现——早期很少共出。从种种现象判断，此时，社会的崇尚发生了大的变化，良渚早中期真是一个转折点。

那么，女性地位是不是就此下降了？还是说，她们都变成花木兰了吗？我们只能摆出以上事实，把话说到这里。

过滤器

这是一种很有设计感的陶器。完整的过滤器包括盖子、过滤钵和过滤器三件套。1981 年，吴家埠遗址的灰坑里，发现了一套实用的过滤器，其中过滤钵上有 19 个小孔，器身中部有一道隔档。

这么奇怪的一套装置，样子很像抽水马桶，专家推测是用来滤酒的，带酒糟的米酒或者果酒在过滤钵里过滤，就可以获得比较纯净的酒。如果再经过底钵内的隔板过滤，可以获得更加纯净的酒。

反山王陵里，只有 22、23 号墓各出土了一件，但两个墓的主人都是女人。这还不是个例，在良渚遗址群庙前遗址前两次发掘和整理中，丁品就发现过滤器和女性随葬品玉璜、纺轮一起出现在墓里。之后很多资料也发现了同样的情况，可以说，它在女性墓里经常出现。

难道，这是一种有性别的酒具？良渚女人都是调酒师？

陶过滤器是良渚遗址群崧泽文化晚期至良渚文化早期阶段的代表性器物，在墓葬中与标示女性的纺轮共存，可以说女性墓出得偏多，但请注意，不能说这就是判断女性墓的绝对证据。

而且，过滤器只在良渚遗址群和周边临近地区（包括临平、富阳、萧山）出现，以良渚遗址群为主，在周边的嘉兴、苏南、上海就见不到。过滤器最早可以追溯到良渚的“上一代”崧泽文化晚期，奇怪的是，良渚文化早期之后，这么有特色的酒具就消失了。

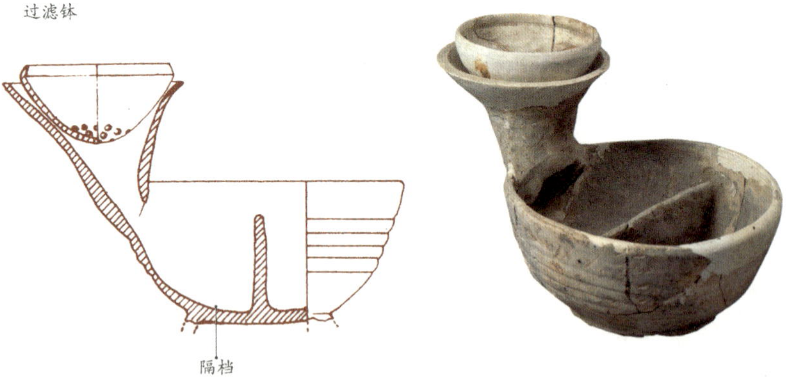

过滤器

陆

LIANGZHU DICTIONARY

SIX

石　器

人类最早的历史被称为石器时代，是文字被发明以前的史前时代，它又分为旧石器时代和新石器时代。如果人们要做一把很小的石箭头，旧石器时代和新石器时代的人类做法是不一样的。

按王宁远的理解，“旧人”主要采用打制的方法，但他不是直接找一块小石头去打，太小的石块很难加工，容易断。他先拿一块大石头，左右对称敲出细的凹痕，然后沿着中间的迹线，剥下一片。他通过这种加工方式，获得一块左右比较对称、尖端比较锋利的小石片，再加工，就能当箭头使用。而“新人”会拿一块比较软的石料，通过磨制的方法，磨出边刃、尖头，有部分“高级”社群就进入了农业经济，过上了定居生活。

良渚人处在新石器时代晚期，良渚人就是工具控。目前已发现的良渚文化石器有斧、锛、钺、刀、凿、镰、镞、犁、耜、斜把破土器、双翼石器（耘田器）、纺轮、网坠等十多种。石器是良渚人重要的生产生活工具，消耗品，好用不贵，种类很多，用途也不一样。比如作为农具的石犁、石镰、石刀，渔猎用的石镞（可能作为弓箭的箭头）、石斧（砍砸）、石网坠（跟现在的金属网坠样子差不多），还有当作随葬品的石钺，还有大量加工工具，比如石锛、石纺轮、燧石、砺石等。

大多数石器需要安柄使用，但木柄之类的有机质遗存太容易朽烂了，所以带木柄石器在考古发掘中极难发现。但是，在特殊的埋藏环境中，它能够保存下来，甚至“光亮如新”，比如余杭南湖出土的带
(126) 柄石锛。∞南湖

赵晔对良渚出土的带柄石器做过详细研究，有两种样式：标枪式

和斧头式。斧头式占了大头，说明这是消耗品。

南湖出土的一件带柄石锛就属于“斧头式”（发现了两件，另一件出土时木柄和石锛分离）。木柄长46厘米。这个长度，不是随便定的。赵晔做了大量对比和观察，发现长度在45厘米以内的木柄普遍做过精加工，圆润规整，使用灵便，很可能是专门的木作工具。但是长度在45厘米以上的木柄，就粗糙了，素颜出镜，不做过多的修整处理，斧凿痕迹看得很清楚，可能用于劳动强度较大的生产活动。

南湖出土的带柄石锛

南湖这只带柄石锛就属于这类，尤其是削平开卯孔的一侧，斧凿痕迹相当明显。而且，这种粗糙的石器，目前发现只有“斧头式”一种装柄方法。为什么木柄长度在45厘米以上的，良渚人都只能做成这种类型？木柄长，说明臂距长，头大，作用到受力面上的动能也会相应增大，比较适合伐木、劈柴等重体力活，而不是精雕细刻的木工。而且，即便安装的都是同个类型的石器，比如都是石锛，石锛的大小薄厚不一样，木柄形态也不一样，可以分出不同型号，等于工具套装。这说明良渚人对装柄技术已经掌握得很深入了，可以加工复杂的木器和木构件，这是他们对生活日常细心观察和思考的结果。现在我们经常说黑科技，人类技术的发展和思想的高度，其实在石器时代那个漫长的时期，都能找到根基和雏形。

对良渚人来说，石器的耗材很费，那么这些石头从哪儿来？良渚人会选择专门的石头做专门的石器吗？

考古工作者和地质工作者合作，把良渚遗址群1000平方千米内的石器，包括浙江省文物考古研究所、良渚博物院、余杭博物馆里的良渚文化石器，全部重新鉴定了一遍，又在周边八九百平方千米做了岩石的资源调查，绘制了岩石分布图。

答案是肯定的，良渚人很懂随方就圆，相体裁衣。

比如做箭头，消耗品，最重要的是取料方便，加工简单，可以批量操作。所以，他们主要选用沉积岩，含少量的变质岩。而沉积岩里还要细分，主要选泥质岩，因为这种岩石的质地比较软，硬度2～3，方便加工。还有少量的硅质岩和粉砂岩。

矿物的硬度，指的是相对的刻划硬度。通常用莫式硬度来标示，这个标准由奥地利矿物学家莫斯（Friedrich Mohs）提出，他用10种矿物代表最软到最硬10个等级——有点像我们人类的痛感，也可以分为10级，生孩子的痛就属于10级——最软的矿物是滑石，硬度1，最硬的是金刚石，硬度是10。我们说的“真玉”，也就是软玉的硬度是6～6.5，而人的指甲的硬度是2～2.5，美工刀片的硬度是5～5.5，这样是不是就有感觉了？所以指甲和小刀是刻不动真玉的。

而做砺石，就要选用硬度很高的砂岩了。

综合所有石器，良渚人爱用的石头中，排名第一位：沉积岩。

这种选择，是看天吃饭，还是深谋远虑？

沉积岩的秘密，就是一层一层，有肌理，有纹路。专业说法，就是岩石沿着垂直方向变化所产生的层状构造。雨打风吹，岩石风化，层理会发生不同程度的剥离，人们在采集石料的时候，就发现窍门了，撬撬很方便啊，加工时，也可以利用这些层理面快速分割。

生活经验，就是这样层层积累的，古人在生活条件并不好的情况下，更注意对生活细节的观察和分辨。地质学家说，良渚人对石头的认识，不比我们这些专业人士差。

还有一个重要发现。

很多主要的石料都不在良渚遗址群里，得到很远的固定地方采集。这是出乎意料的。

比如做石锛，这是良渚社会最重要的工具之一，但良渚人专门选用一种条纹状的硅质岩来制作。这种硅质岩在哪里采？考古学家和地质学家先后去了临安石长城、临安河桥镇等地进行野外调查。这种硅质岩，在浙江地区只有南苕溪流域，或者更南边一点的分水江流域才有。他们在昌化溪的河漫滩中发现了很多磨圆度不错的流石，很多带有纹层的硅质岩、粉砂岩等，回去做了几件石锛复制品，与出土的石器很相像。

昌化溪位于分水江的上游，分水江则是钱塘江上游的一个支流。方向明曾在桐庐县内的分水江边，发掘过一个主要从事石器加工的方家洲遗址。

脑补一条线路图。良渚人采石，跋山涉水，经过钱塘江，一直到桐庐，他们不急着把石头运回来，先把做这种石器的坯料打好——先在河岸打坯，再利用杭州的一些古河道运到居住地或者城里，比如加工场所或村里，然后才开始精加工。所以，良渚人做石器的操作链是很长的。

良渚贵族的墓葬里，经常会发现随葬石钺，而石钺中出现了很多其他石器里不太能见得到的凝灰岩，统称花石钺，目前只在良渚贵族墓里有发现，比如反山王陵、汇观山遗址、瑶山遗址，但样子都不一样。良渚人做的花石钺，花样很多，分为很多种。比如反山王陵出土的其中一种花石钺，黄黄黑黑的，到目前都没有找到产地。而在汇观山贵族墓里出土的另一种花石钺，一种红红的石材，研究人员可能找到了大致来源，在仇山。

花石钺和石锛

当地人都知道，余杭西边有一座孤丘，名仇山，不太大，旧有仇王庙，因此得名，距离良渚古城 7.5 千米。

怎么确定呢？

研究人员先对汇观山墓地中出土的标本做鉴定，再拿着这种材质去现场，采集样本、比对，然后按照汇观山发现的石钺的样子，重新做一块。只有在仇山上，发现了比较接近的石料，在其他山上还没有发现同款。不过，“花石钺”的石料来源问题，至今仍然没有解决。

良渚遗址群和群外的遗址，在石器岩性上有比较明显的区别。比如福泉山人对于石料的选择比较专一，不使用沉积岩。这些线索，对于探讨良渚人的物流体系和社会关系网络有很大的帮助。

石 头

垫石、石器、玉器都是自然界中的物质——岩石与矿物，对它们进行研究，可以了解良渚先民对自然资源的认识和利用水平，从社会组织、社会分工、石玉器加工体系等方面，把良渚人社会生活的肌理剖析得更清楚。

良渚古城刚发现的时候，有人质疑，石头就是重大嫌疑人。

良渚人从哪儿找的石头？石头，在良渚人心里分量很重，良渚古城的修建中，随处可见，城墙铺底、石坎修筑等，都需要用到大量石材。石块的采集、搬运、装卸、铺装等过程，全部为人工作业。

有人提出，如果是人工开采的石块，当时没有金属工具是开不出来的，如果是先火烧然后水激的方法，石头上也没有火烧的痕迹。那么这个石头到底是开采的，还是捡来的？哪里来？如何来的？石头的背后，直接关乎人的问题——人类行为和工程量。2012年，省考古所就申请了一个课题：良渚古城城墙铺底垫石的鉴定及石源研究。

城墙下的铺垫石

考古学家和地质学家把良渚古城四面城墙探沟所有暴露出来的石头，摸了个底，一共10526块，一块不落，每一块都有编号。

专家对这10526块石头进行了全面鉴定和工程学研究，鉴定它们的质地、磨圆度、块度，然后做成数据库，从一个侧面了解良渚古城的规划水平、人口规模、控制面积、社会分工等等问题。

浙江省地质调查院许红根工程师将周边220平方千米范围内的山系重新进行调查，填好高精度岩石分布图，进行岩性比对，再确定石源区域。2013年，几位考古学家、地质学家带着我，模拟良渚人做了一次搬运石头的现场试验，地点在北边东明山脚下的确认采石点。

人不会大老远去搬石头，一定优先选择较近的地方。良渚古城不到10千米的范围内，主要有属于天目山余脉的大遮山、大雄山、窑山等一些小的山体。而大遮山南坡和大雄山北坡等离古城不到5千米，最关键的是，这里发现了很多和城墙铺垫石类似的岩石。

石头与石头，命运不同。一块从山上直接采集的石头，棱角分明，叫棱状石头；从山上滚落，棱角磨掉一些，那就是次棱石头；如果它又掉进了小冲沟，有了磨圆的机会，就变成次圆石头；要是有幸流入大江大河，那就是圆圆润润的鹅卵石了。

良渚人擅于观察，自有判断。如果良渚人直接在很硬的基岩上砸，石头的刃口，应该非常锋利，有点割手的感觉，而城墙大部分石头并

作者和考古队员一起做石头搬运试验

不锋利。这说明，他们不是硬撬下来的，专业说法叫开采，而是石头滚落之后，直接捡的。也有例外，北墙发现一片铺底石，非常锋利。只要是人工开采的，一定有棱角，难道这些是他们用工具硬砸下来的？

爬上东面的另一个山坡，王宁远拿着棍子，准备模仿良渚人撬石头。没想到，他用手轻轻一扳，西瓜一般大的石头，轻松滚了下来，尖尖的棱角，刺眼。

“这就很容易解释北墙的石头为啥有棱角，却没有人工痕迹。”浙江大学地球科学系教授董传万摸着岩块断面上交错的裂纹说，“受构造应力作用，完整的岩石被切成了大小不等的碎块。所以，他们当时所付出的劳动，不像我们想象的那样复杂，只要沿着裂纹一扳，很省力。”一个人一次搬一块石头，我抱起来觉得有点重，但也没问题，良渚的男人应该更轻松。

王宁远在搬动石头

古城的铺底垫石有了身份鉴定：绝大部分采集磨圆度为次棱和次圆等级的自然散石，少有棱状的人工开采痕迹。只有在坡脚和冲沟的某一段，才会出现圆度组合的石头。这说明大多数石头只经过了短距离的自然搬运。因此，我们可以推断出某种石头来自哪座山的哪条山谷的哪个位置——北城墙的石料来自城北的大遮山南坡，南城墙的石头来自城南的大雄山北坡。董老师说，别的来源都有线索，只有一种石头，还需要继续找来源。萤石，总数是 3 块。在一万多块石头里找到了 3 块，可见研究工作的细致。

北山采石，船载以入，这 8 个字就能说完的石头记，考古和地质学家花了 4 年。

在《良渚古城城墙铺垫石研究报告》出版的过程中，许红根工程师去世，只有 46 岁。课题组商量后决定，报告出版时不给许工的名字加黑框，他依然和大家在一起。第二年清明，大家打印了报告的后记，在坟前烧给他。

燧　石

他山之石，可以攻玉，良渚人拿什么攻玉？

良渚古城申遗成功后，良渚玉器展首次在故宫展出，我在采访时碰到一位北京观众，她一口气问了“十万个为什么”——“良渚人玉器上的纹饰和细节，完全超过我的想象，尤其是通过放大镜看到的器物上的图案，还有玉器上钻的小孔，我非常好奇，良渚人是用什么工具钻的？他们的工具又是怎么做出来的？他们是依据什么去刻的？刻之前，有没有草图？而且这些纹理很匀，看得出工具很不错，这个工匠的手很稳，这些都挺震撼我的。”

虽然良渚文化有很多未解之谜，但良渚人用什么来琢玉，我们可以回答。

这些年，考古队员在江苏磨盘墩、丁沙地，良渚塘山金村段，良渚古城钟家港，以及德清中初鸣制玉作坊遗址，都发现了燧石。我们可以明确地说，燧石是良渚琢玉的必备工具，如果没有燧石，做玉器就无从谈起，它就是真正的“他山之石”。

良渚文化墓葬中高等级的玉器，材质主要是透闪石，硬度在 6 ~ 6.5 左右。燧石莫氏硬度可以达到 7 左右，从目前考古发掘的材料看，只有燧石的硬度足以刻划透闪石。

拿着放大镜，我们能很明显看到，一些燧石石片的刃部做过加工，很尖锐。燧石有两种功能，一种用来刻划玉器，方向明拿来刻过，硬度高于玉璧，这活儿很轻松，不像我们想象的那么难。

各种颜色的燧石

还有一种功能，玉钺开料前，需要先划几道槽，固定切割位置，否则绳子或刀容易打滑，解玉砂不一定能磨得下去。

玉　矿

良渚玉器闻名天下，可是玉矿在哪里，也就是良渚玉料的原产地在哪，80 多年来，我们一直不知道。

研究人员在做石源调查的时候，找到了一些线索。

玉矿有特殊的成矿条件，一般中心要有个花岗岩岩体，外边有一层类似于灰岩、大理岩的东西，然后热液——岩浆上面的热水上来以后，在高温高压下，外面的一圈才会变成玉。

闻广（中国地质科学院地质研究所研究员）等地质学家早就提出天目山有生成玉矿的地质条件。王明达等考古学者曾在良渚遗址群及其西部进行过短期考察。此外，江苏溧阳小梅岭有生成在镁质大理岩接触带的透闪石玉矿，并延伸至皖南，虽然还没有发现古代开采的痕迹，但天目山系是玉矿的主要来源，是今后考古、地质考古继续工作的区域。

研究人员在良渚古城的西北侧调查，采集到了透闪石样本——透闪石含量还没有到 90% 以上，我们可能还不能直接称它为玉，但是，一定就在附近。另外，低一级的蛇纹石玉，也发现了一些线索。接下来，研究人员会在附近区域做重点调查。玉矿找到后，就可以帮助我们进一步理解，为什么良渚人要把都城设在这里。

中初鸣

完整名字比较长：浙江德清中初鸣良渚文化制玉作坊遗址群。

群，相当于一个工业园区，标准说法是，数个制玉作坊遗存组成的作坊遗址群。它们所在的这片区域叫中初鸣，位置在浙江省德清县雷甸镇，一个叫杨墩村的地方。

2017 年 10 月—2019 年 12 月，浙江省文物考古研究所、德清县博物馆在这里进行了大面积系统调查和勘探，发现和确认良渚文化时期的人工营建土台 23 处，明确了这个区域存在一处良渚文化时期大规模制玉作坊群。如今，发掘还在继续。

这个“工业园区”是迄今为止长江下游地区发现的良渚文化时期规模最大的制玉作坊遗址群；出土了大量制玉相关遗存资料，是目前出土玉料、玉器半成品最多的良渚文化遗址；有别于以往发现的各类各级良渚文化遗址，它是良渚文化田野考古的新内容。

同为制玉作坊，中初鸣做什么产品？不做玉钺，也不做玉琮，都是低端的单一的锥形器，产量大，而玉料来自山上，不是河滩里捡的。

良渚古城离德清中初鸣的距离，只有 18 千米，开车半个小时就到了。他们离王还是很近的，比茅山和玉架山都要近。那么，它和良渚古城的关系是不是很密切？中初鸣是一个跟良渚古城有关的“国营”制玉集散中心吗？为什么良渚人费尽心思要把制作低端玉器的“工业园区”放到这里？现在，我们还无法完全解决这些问题，未解之谜很多，但此地的意义，明确无疑——

良渚晚期用玉和获取方式发生了重大变化，是良渚晚期社会发生嬗变的征兆之一，也为正在寻找玉矿的课题提供新启示。它是继良渚

中初鸣时的良渚
方向明绘

古城外围庞大的水利系统、临平茅山大面积的水田，以及玉架山多环壕聚落之后的又一重要发现，丰富了良渚古城外围考古的内容；它反映了远距离大规模专业生产的模式，为讨论良渚文化晚期的社会结构、聚落模式和手工业经济模式提供了丰富的资料。

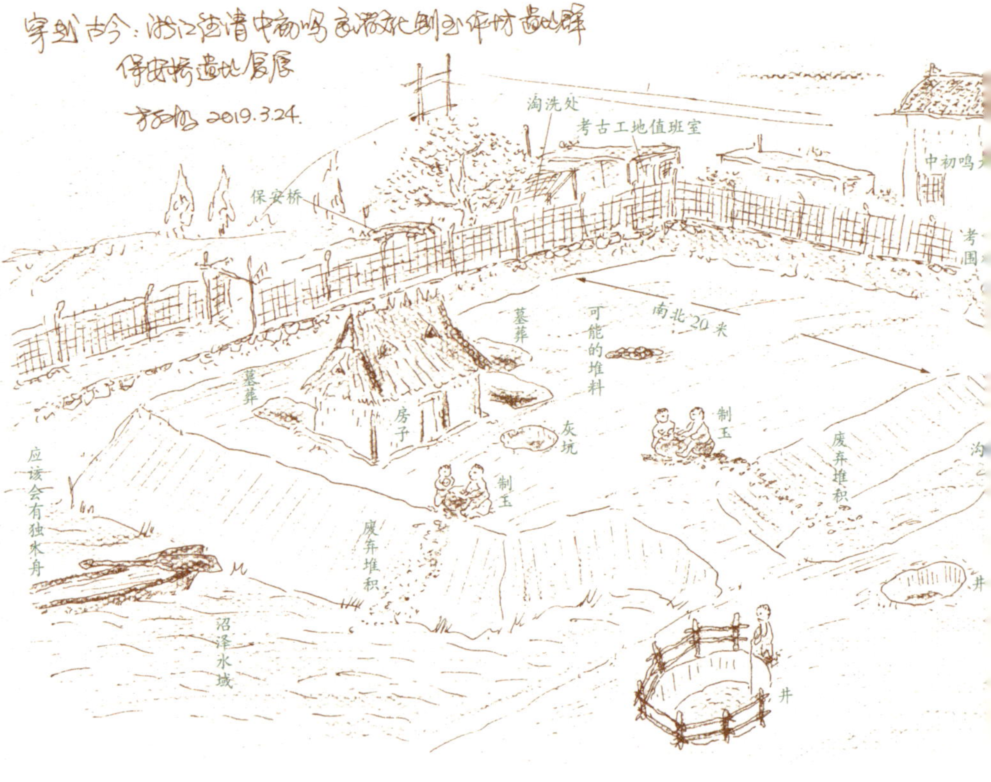

中初鸣遗址群保安桥遗址复原图　方向明绘

草裹泥

良渚人最厉害的发明，如果排位，第一名我投草裹泥。

在老虎岭水坝的剖面上，我们还能清晰看到一块一块垄状的分层，长得有点像叫花鸡，纵横交错。在水利系统迎水面的位置，需要加固结构时，良渚人就会用到草裹泥，也叫草包泥，相当于土里面加了草茎，更容易绷紧，跟我们抗洪时用编织袋去装土，原理一样。

草裹泥标本

草裹泥制作复原

这是良渚人在临水建坝建台时通用的一种工艺，不止是水坝，在莫角山土台等其他遗址中也都发现了。但是，草裹泥外圈的草都烂掉了，只能看到隐隐约约的痕迹。顺便说一下，草裹泥的草虽然烂掉了，但它的植硅体还在里面，可以保存下来，水坝虽然没有一块陶片，但我们可以用植硅体去测年。

话说回来，哪种草呢？

良渚人的家，就在沼泽地边，沼泽下面是淤泥，上面长着芦、荻、茅草。而芦荻的开花期，是在秋冬，这也是农闲时节，说明良渚人在农事活动比较少的秋冬季节，准备各种材料，也不耽误农业生产。他们利用沼泽取土，用茅荻包裹后，再用竹条绑扎，就做成了一个个完整的草包泥。

因地制宜，就近取材。相比单纯挑土、堆土，以草裹泥为建材，虽然多了一个提前准备的工作步骤，却更省时省力。草裹泥体量很小，可塑性好，与草茎贴合紧密，所以堆垒后，不会漏水，能提高坝体的强度。

在钟家港河道和蜜蜂弄水坝的基槽填土中，还发现了木臿——一种铲形工具，良渚人就是用它来挖取淤泥，制作草裹泥。而草裹泥的运输，主要靠水运，发现了独木舟和竹筏的茅山遗址就在不远处，良渚人应当用竹筏运送草裹泥。

水坝上每块草裹泥，经过推算，大约是一个船次的运输量。一船草裹泥运送到位后，制作、运输、堆筑同时进行。眼前出现了一幅组织严密、协同合作、管理有序的劳动场景，足以见得古城的营建，有着统一的规划和设计。

动 物

良渚动物园什么样？

在良渚文化遗址里，通过鉴定和分析动物遗存，动物考古学家目前发现了 53 个种属的动物遗存。

海鲜大餐：田螺、方形环棱螺、梨形环棱螺；牡蛎肯定有；光是蚌，就有帆蚌、圆顶珠蚌、中国尖脊蚌、扭蚌、鱼尾楔蚌、矛蚌、背瘤丽蚌；河蚬、文蛤、青蛤、毛蚶；

鲨鱼、鲤鱼、青鱼、草鱼、鲶鱼、鲻鱼（杭州人熟悉的钱塘江鲻鱼）、黄颡鱼（就是汪刺鱼啦）、乌鳢（就是黑鱼，很好吃的那种）、鲫鱼、鲈鱼、桂鱼；

大量是比较熟悉的哺乳类：猴、小家鼠、豪猪、狗、虎、狗獾、野猪、家猪、麂、獐、水鹿、梅花鹿、麋鹿、圣水牛（已灭绝）、狐狸、貉、野兔、黄鼬、青鼬；

还有黄斑巨鳖（已灭绝）、中华草龟、鳄鱼和亚洲象。

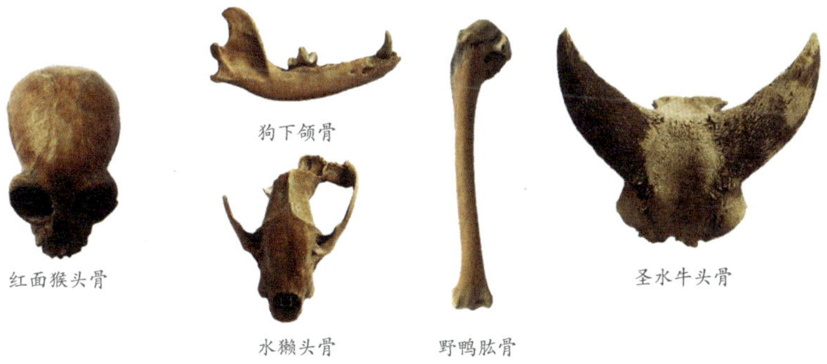

良渚古城出土的部分动物骨骼

宋姝说，良渚文化动物群具有明显的亚热带属性，这跟山水适宜的自然环境有关。良渚文化在古地理气候上属于全新世大暖期的亚热带季风气候区，温暖湿润，比现在更加暖湿。而良渚古城遗址就分布在天目山两支余脉大雄山丘陵和大遮山丘陵之间的东苕溪冲积平原上。群山连绵，河网密布，这是野生动物最理想的家。

在良渚动物园里，从数量来看，家猪排第一位，第二位是鹿类野生动物。鸟类目前发现得很少，不到 1%，包括 6 种：环颈雉、大雁、野鸭、鹤、鹰、天鹅。现在我们去良渚古城遗址公园，可以看到啥鸟？根据统计数据，已记录到 86 种鸟，比如东方鸻、小杓鹬、斑头鸺鹠、红颈苇鹀、蓝喉歌鸲等。

6 种不代表真正的数量少，也不代表当时只有这 6 种类型。目前遗址里发现的鸟类都是野生动物，多为打猎所获。很多鸟类的骨骼保存不下来，主要原因是埋藏环境不够理想。陈水华说，良渚时期出现的鸟类和现在不会有大的区别，你现在在古城公园里看到的鸟，5000 年前良渚人也见过。鸟类和环境的关系很紧密，有 10 万种环境，就有 10 万种鸟类组合。5000 年来良渚的环境并没有太大的变化，常见鸟类不会有大的改变。比如白鹭。不过，鸟对于良渚人的重要性，在内心，直接进入良渚人的精神世界，玉琮、冠状饰、玉璜及三叉形器等玉器上，都能见到鸟纹。

我们认为应该蛮普遍的作为家畜的马、羊、鸡，目前在良渚文化时期的浙江境内，并未发现。这也蛮奇怪的。比如家鸡，是全世界最普遍的禽类，养鸡太容易了。但是，良渚时期恰恰没有发现一根鸡骨头。目前最早出土家鸡的遗址是商代安阳殷墟遗址。而此前曾有一些研究出过乌龙事件，把鸡和雉搞混了，造成史前遗址家鸡遍布中华大地的错觉。

这3种驯化动物，是从其他地区传入的，根据现在的研究成果，马、羊从西亚逐渐传入黄河流域，羊在距今4000多年的龙山时期才传入中国北方。良渚先民真的没吃过羊，浙江地区最早出现的作为家畜的羊，得等到宋代。我们在著名的河姆渡遗址中见到的是羊的近亲——苏门羚。而鸡则从南亚起源。

猪

良渚文化绝大多数遗址里，猪骨头占到了所有哺乳动物总数的80%以上，卞家山、钟家港最多，接近90%。在良渚文化遗址里，野猪和家猪并存，但野猪数量少，狩猎或者偶然事件获得。家猪才是当时良渚人的主流肉食资源，而且这些猪不是养在城内的，是从四面八方运过来的。研究人员对猪的来源做了分析，证实古城的猪可能有多个不同的供应地。这样的话，古城的人口和稻米、肉食等资源都来自于广泛地区的汇聚，证实古城的确是一个超级都邑。

良渚人的家养动物，目前只发现了猪和狗，当时存在饲养家猪为主的饲养业。虽然人们改变了猪作为野生动物的生存状态，但并没有完全把猪圈在封闭的环境里定期“投喂”，所以如果你观察一下良渚遗址的猪头骨，会发现，这反而在一定程度上减缓了野猪向家猪“形变”的进程。

猪正常应该在一岁半左右成年。考古学家分析猪骨发现，良渚先民食用的大多是年龄在1～2岁左右的猪。比如卞家山遗址发现的吃完丢弃的猪骨头，家猪的死亡年龄集中在 1 ～ 2 岁之间。而我们在良渚墓葬里发现大量用猪獠牙做的冠饰，也是用成年雄性猪的下犬齿做的，也就是一岁半及以上的猪。说明良渚人已经能够有选择性地实现资源的高度利用。

秦岭说，如果比较一下长江中下游的新石器时代遗址，我们会发现水稻的利用始终同大量野生瓜果和淡水植物资源结合在一起。林地和湿地中的鹿科动物也始终在长江下游的肉食资源中占有一席之地，只有在良渚古城这样的都市文明中，因为祭祀和特殊仪式的需求，猪的比例才会大幅度提高。

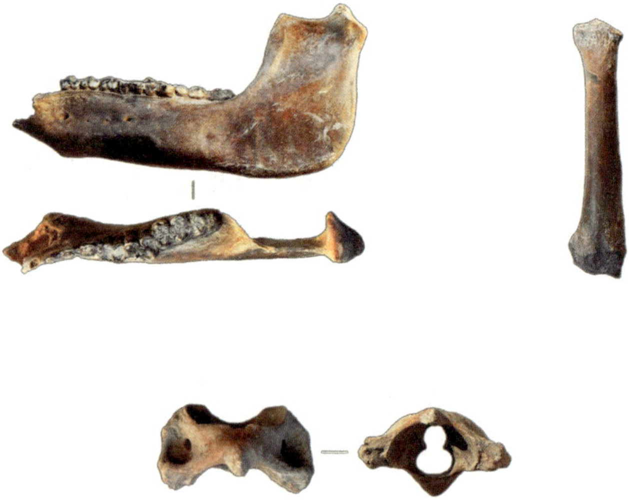

良渚古城出土的家猪骨骼

黄斑巨鳖

钟家港古河道遗址里发现过数十件黄斑巨鳖的腹甲遗存，这是世界上最大的一种淡水龟鳖类动物，中国境内的野生种已经灭绝了，此前在苏州动物园还有最后两只。可是，2019 年 4 月 13 日，那只雌性“太太”不幸去世了，如今中国只剩下一只雄性黄斑巨鳖，已经是 100 岁左右的“老爷爷”了（注：通常野生灭绝，就可以视为灭绝，仅剩一只也无法繁殖）。至此，全世界也只剩下 3 只，除了中国这只，还有两只在越南。

黄斑巨鳖腹甲

果　蔬

良渚人吃什么蔬菜水果？

数量最多的是南酸枣、桃，接下来是李、柿、梅、杏、葡萄、甜瓜等。

淀粉类的菱角、芡实和莲子，都是良渚先民选取采摘的可食用的植物，这些食物的含量大大超过了不可食用的杂草类，比如少量发现了酢浆草、莎草等。这说明，良渚人在夏秋时节会开展大型采摘蔬果的活动。不过，良渚人平时有足够的大米饭吃，对于芡实、橡子这些“碳水炸弹”的需求就会相对降低，出土量很少。

良渚人的水果种植与现代专业化、规模化和商品化生产不同，没有发现成片的果园，也就是在田边地头、门前屋后种一点。除了果树，良渚先民还种植菜瓜、甜瓜等蔬菜。但植物考古学家郑云飞在想，除了栽培禾谷类粮食作物外，良渚人真的就没有栽培其他作物吗？

以种子大小作为切入点，他在甜瓜、桃子方面做了一些工作，研究结果显示这些果树蔬菜在新石器时代都有人工栽培的迹象，从良渚

南酸枣核

菱角

葡萄籽

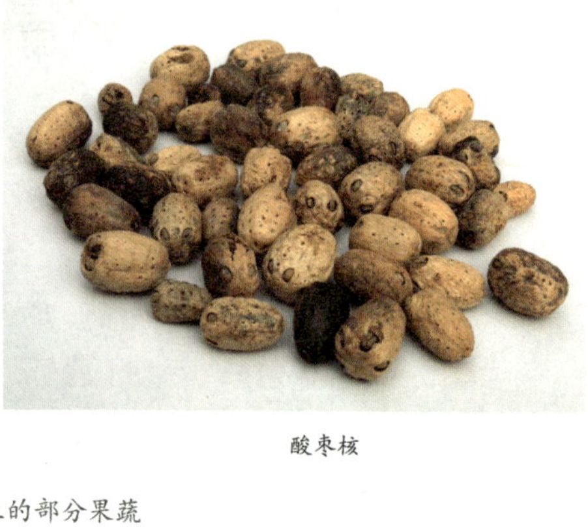

酸枣核

良渚古城出土的部分果蔬

文化时期开始有一个明显的品种选育过程。比如，良渚时期的桃子有了质的飞越，桃核明显比8000年前的跨湖桥时期大了很多，和现在毛桃已经相差不大，属于人工栽培桃子。

其他的，如南酸枣、葡萄等，在新石器时代遗址出土的数量也不少。南酸枣属于漆树科，核上部有5个孔，现在江西一带有出产，叫五眼果。有一次王宁远买了一些放在食堂，让大家尝尝良渚的滋味——那是相当酸啊。

南酸枣在中国古代文献中没有栽培的记录，但现在南方地区已经开始栽培，制作蜜饯、酸枣糕等食品。尽管目前我们还不能说史前栽培南酸枣，但也不能排除先民对房前屋后留用的植株进行除草、施肥等管理。人们对一些经济作物管理很早就开始了，他们在刀耕火种的年代，把桃树等有用的植物留下来，并把周围其它东西除掉，促进有用植物生长。良渚文化时期很多栽培作物开始慢慢系统化，栽培技术水平提高很快。

等等，葡萄不是西域传来的吗？

卞家山遗址和美人地遗址都发现了葡萄种子。浙江省文物考古研究所负责植物考古的武欣说，西域传来的葡萄和良渚的葡萄不是一回事。中国本土就有葡萄，比如最早有记载的葡萄属植物就是《诗经》里的“蘡（薁）”。

所以葡萄也被古代先民采摘食用。后来西域传来的葡萄属于欧洲系统，个大滋味又好，所以可能渐渐地本地葡萄就淘汰了。就像现在我们也有山葡萄和野葡萄，也能吃，就是要酸一点。

人　骨

钟家港的河道里，发现了人骨，而且数量不少。

看“法医”宋姝的几例检测报告：人股骨（锯痕）、人头骨器皿（分割痕迹）。显然不是正常死亡，是人为痕迹。多例临终时颅骨和枕骨骨折、切割痕、砍砸痕、磨制痕迹、绝大部分关节出现骨骼缺失等现象，这些人工痕迹暗示了一部分人类可能像动物一样被肢解、敲打等。死者的平均年龄都不大，普遍没超过30岁，有成年男性，还有几岁的小朋友，孩童大概占到5%至10%。

钟家港河道出土的人骨

古城里曾经发生过暴力事件，时间在良渚晚期。

除了钟家港，在卞家山、西城墙葡萄畈段的古河道里，也发现过非正常死亡的良渚人的人骨。卞家山发现了一件头盖骨容器卞家山，（250）在良渚博物院可以看到。和钟家港的这件头盖骨容器对比，无论从截取的位置、大小，还是头盖骨的年龄（壮年，骨缝愈合程度判断）来讲，都极其相似。只是钟家港这件在断口的地方没有经过太精细的打磨，直接粗暴地把它割了开来。

还有一个完整的头盖骨，后脑部位开了两个孔，这是一个不满10岁的儿童。宋姝说，头骨钻孔或者说头骨穿孔的情况，世界各地都有。现在搜集到的数据最多的是美洲地区，主要在秘鲁，很大一部分头骨穿孔的情况，被认定为是施行外科手术后留下的。秘鲁的“开颅术”与钟家港出土的这一例有很大区别，比较规整，类似于管钻的钻孔。而钟家港的一例可能是用锋利的石片，或者说燧石那类的工具一点点刮出来的，开口呈不太规则的圆形，边缘能观察到很规整的刮削痕迹，可能为了圆润，但并没有呈现出愈合的状态，说明这个儿童在此之前已经死亡或者在这一过程中死亡。

另外，绝大多数被定义为“外科手术”的钻孔，多数出现在颅前额骨的位置，因为这个位置相对安全，个体在施行手术后有相当大的存活几率。钟家港的这一例开在颅脑后方，则有静脉流经，不太可能是医疗行为，也就是说，不太可能是做手术。

我们一直觉得良渚人总体上是很和平的，但这用头盖骨做的容器，说明当时社会比我们想象的要残暴，那么，它会不会跟良渚文化的衰亡有关系？

微痕分析后，钟家港的人骨又做了稳定同位素分析，结果显示，大部分个体是吃大米的，和良渚文化稻作农业的人口是吻合的；但还有一部分检测结果显示，他们生前营养不良，身体羸弱，吃的不是大米，而是小米之类的粮食。

最近几年，王宁远有个新发现，在良渚时代浙江的南部山区，部分地区可能也有黍粟的种植，城里的人可能部分是郊外进城。但是日本学者进一步进行了氧同位素分析，表明这些人还可能与指标很远的中原地区的类似，因此更有可能是那些地区来的。中国科学院古脊椎动物与古人类研究所的付巧妹团队对古城的人骨做了古 DNA 分析，在十多个样本中做出了 3 个个体，其中 2 个是南方常见的，另外 1 个和山东人比较类似。

宋姝说，从人类学特征上来观察，他们基本上可以划到古华南人种的类型，但不一定是生活在良渚区域范围内的。有一部分人营养不良，不是偶尔饿一两顿，而是在青少年成长过程中，生活条件长期得不到改善。这在骨头上体现得比较明显，骨质孔变疏，整个骨头状况很不好。缺铁性贫血和齿科疾病也很常见。

还有一部分骨头的关节部位上有些软骨疾病，也可说是关节炎，发展到一定程度，会在骨头上留下痕迹。这说明他们生前长期从事体力劳动，得了职业病。

结合这些研究，目前有两种推测，一种，外族（中原和山东）入侵，和本地稻米人口冲突，人死了扔在河里。另一种可能比较震撼，这些中原和山东人口，实际上与其他吃稻米的本地人口都是古城的居民，只是移民时间较短（一般改变饮食习惯后需要几年时间，才能导致骨骼内稳定同位素指标的变化），他们就都被第三方入侵者给杀了。这样的话，古城就有点像现在北京、上海是个大都市，居民可以来自很广大的地区。

宋姝之后会做一些同位素检测，看看骨头里的同位素是不是和当地的水土相对应。如果做牙齿，能知道这个人的出生地，因为牙齿一般是在很小的时候长齐的；而骨骼是在当时当地的环境中形成的，检测骨骼，大概就能知道他们后来迁徙到的地方。

DNA

这几年，浙江省文物考古研究所和中国科学院古脊椎动物与古人类研究所付巧妹团队开展了浙江地区崧泽 - 良渚时期人类古 DNA 的取样和研究。以前南方地区的古人类 DNA 很难提取，但最新的消息是，首次在良渚遗址里成功提取到两个个体的 DNA。研究人员在人的头骨里，靠近颞骨里边的一个位置，提取到了样本（骨粉），目前研究正在推进中。将来，我们就能知道良渚人和现在的人之间有没有“遗传”关系，包括迁移的动态、族群的源流，都可以得到一些解答。

结果出来前，再剧透一个花絮。付巧妹团队还在研究一个有趣的课题，良渚的狗，和澳大利亚的斑点狗有没有亲缘关系。

刻划符号

良渚到底有没有文字？

说短也不短，这个“疑难杂症”已经困扰了良渚考古学家和研究者十年——2012 年 9 月 25 日，考古工作者在整理浙江平湖庄桥坟遗址出土文物时，在两件石钺上发现了排列整齐、重复出现的符号。

这十年里，为了这些良渚刻符，专家们已经头脑碰撞过好多轮。我考古了一下自己，比如，2012 年 9 月 27 日，就在庄桥坟两件石钺上的符号发现两天后，包邮区的专家迅速在良渚集结，开了一次“良渚文化刻划符号研究”研讨会，稿子标题是“608 个良渚刻符，让考古专家们争论不已”。

这个标题很写实，确实是争论。2013 年 7 月 6 日，争论又进阶了——“平湖庄桥坟遗址发现的刻文石钺引发了又一轮对文字起源的探讨”。其中一件石钺的两面都布满了符号。A 面，6 个竖排的符号，呈“卜”和“日”（也像“甘”）的形状，两两重复，成为类似“日卜日卜日卜”的句子，像刻了一句话。如果是符号，一般都是单个出现，而且画得很随意。但是这六个“字”，笔画、笔顺、构形都呈现出规范性，而且在一件器物上重复出现，“连字成句”。对于这样的“句子”，专家有一个定义：由多个刻划符号组合排列在一起，具备文字的功能特征，可视为原始文字。

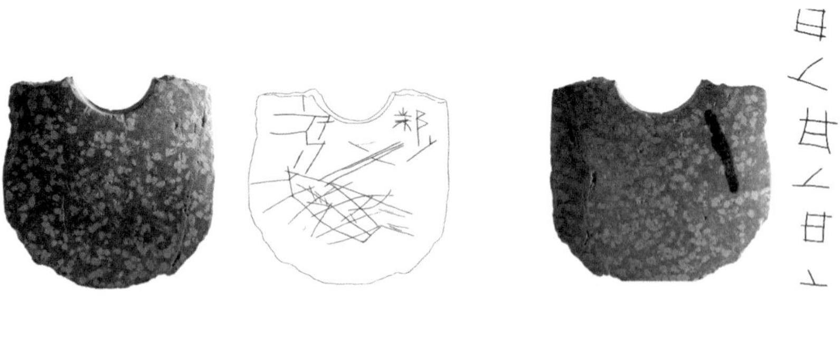

平湖庄桥坟出土石钺和上面的刻符

关于良渚文字的争论，说短有十年，说长，其实已经 80 多年了。良渚刻符的发现和良渚遗址的发现是同时的。尤其是 1936 年施昕更发现的材料，通过科学发掘得来，是良渚文化刻划符号最早一批考古资料。20 世纪 90 年代前后，良渚遗址群发现了很多中小型墓地和居址，在出土陶器上发现了大量带有刻划符号的陶器。后来，在石器上也发现了不少符号，玉器仅占 3%。

良渚文化目前共发现 750 多个刻符，340 多种类型。其中，庄桥坟遗址是目前良渚文化遗址中发现刻划符号最多的一处遗址，在 242 件器物上发现了刻符，在符号总数上占了近三分之一。

现在良渚文化中大家讨论比较多的，主要还是陶器符号。《良渚文化刻画符号》一书发表的 500 多个符号，以及《平湖庄桥坟遗址刻画符号图集》中的 200 多个符号，大部分都是单体的。像花、鸟、龙虾、鳄鱼，还有类似咬了一口的苹果那样的符号。有一些符号，看起来和甲骨文很像，比如“王”“土”“五”。在卞家山遗址出土的夹砂黑陶上的符号，就和甲骨文的“五”很相似。

良渚刻划符号和图画

这些单体符号大量刻在器物底部，或者鼎足内侧，然后才是器表。单体的陶器器类使用范围广，所有人都能用。但比较特殊的是，在以良渚古城遗址为代表的遗址群以及周边地区，这些东西并不入葬，贵族的墓葬中不会出现这些陶器，这些陶器只见于普通居址中。也就是说，这些符号能和显贵大墓的墓主人联系起来的很少。

而环太湖其他区域中心，比如上海福泉山遗址、江苏寺墩遗址、苏南赵陵山遗址等，即使是良渚文化的高等级墓葬中，也会随葬这些漂亮的黑陶器，上面偶尔也会有符号。因此这些符号的使用者和使用场所还是有区别的。

除了单体符号，还有大量重复出现的符号，与器物的结合带有明显规律性的符号，组成词组甚至“连词成句”的符号。比如余杭南湖的良渚人在圈足罐上发了“一句话”，有 12 个“字”，著名古文字学家李学勤读出了其中 8 个“字”：朱旗践石，网虎石封。而拱玉书认为，这 12 个符号大概率是一幅文字画。

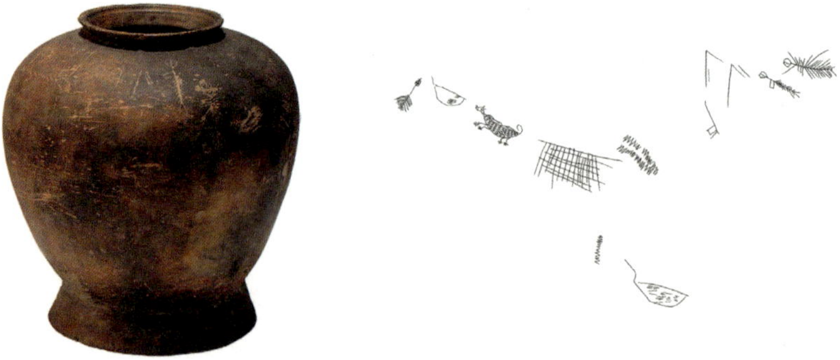

南湖出土的带“字”陶罐

良渚到底有没有文字，每一代考古学家面对这些材料时，都不应该回避这个问题。1996 年，牟永抗写过一篇经典文章《良渚文化的原始文字》。但是，这不是辩论，不是“有没有”“是不是”或者“是什么”这样的二元对立和释读，问题、方法、视野比共识要多，也更重要，千万不要一上来就从释读的角度去研究这些符号，而脱离了载体和语境。

秦岭说，在良渚文化中，我们看到那么多图形符号，到底在广义上能够怎样准确地传递信息？这样的社会功能，是在良渚文化什么社会阶层中实现？我们从考古学的角度上，在释读之外，应该要先考虑和回答这些问题。余杭南湖圈足罐上有 12 个符号，还有苏州澄湖的贯耳壶，有 5 个连续排列的符号。它们通常都在罐或者尊上出现。如果比较一下刻划的内容和表现手法，它们相互之间也并不是那么统一。庄桥坟两件石钺上的刻符，目前看来就更像是孤例了。从刻划手法和内容上比较，它们略显杂乱，跟陶器符号并不完全属于一个系统，甚至其中一件石钺的 A 和 B 两面，也不是同一个系统。学术上强调孤证不立。庄桥坟发现的石钺虽说很重要，但我们目前发现的良渚石器已经有数千件，发现这样排列的刻符就这么两件。

她提出了几个问题：这三类符号（玉器刻符、陶器刻符、石器刻符）属于同一个文字系统吗？文字的起源和文明起源、国家起源直接相关，通常会在权力最集中的区域出现，那么良渚古城遗址，作为良渚文明人口规模最大的中心，它是发明和使用刻符“文字”的中心吗？更核心的问题实际上是：良渚图形符号的创造者是谁，如果它们已经算是一种“原始文字”系统，那么它的使用者和学习者又是谁？——简单通俗来讲，就是良渚社会当时的“文盲”比例是多少？

徐天进和拱玉书不约而同提到一个结论：文字不是长期累积的结果，应该是由特殊群体（社会精英）在短时期内创造的。徐天进说，在创造文字的时候，可能参考了已有的符号系统或构形经验。在没有更过硬的证据发现之前，庄桥坟石钺上的刻符（包括良渚文化的其他刻符）是不是文字，还无法得出肯定性的结论。但是，这并不妨碍这批材料的重要性，符号本身所具有的考古价值就极其重要，符号本身所隐含的意义弄清楚了，是不是文字的问题可能也就解决了。

八角星纹

苏州澄湖良渚文化遗址的水井里，发现了一只泥质黑陶贯耳壶，这是一种盛水器，左右两只耳朵拴上绳子，就可以打水。重点不在这里，而是壶上发现了 5 个连续排列的符号，排第一个的就是八角星形符号。这种识别度很高的符号，在良渚文化里目前只发现了两个，另一个在上海马桥遗址。

澄湖出土贯耳壶

没有朋友圈，没有交通工具、通讯设备的年代，相隔千里之外，穿越千年的古人之间，怎么开展精神思想的交流？

比如说，我们根本无法想象东北的红山文化与长江流域的凌家滩文化之间有什么关系，但考古发现，两个地方同时出了形象一样的玉人。那么，在距今 7500 ~ 5500 年，湖南人和浙江人之间，有没有神交，有过某种深刻的精神信仰交流，甚至文化传承吗？

八角星纹说，当然有的，就是我。

中国史前艺术有三次高峰，离我们最近的是良渚文化的玉器，再往前是庙底沟文化彩陶，而目前所知最早的一次艺术高峰，就是 7000 年前的湖南高庙文化白陶。

7500 年前，湖南环洞庭湖平原及湘江、沅水中上游地区，出现了最早的白陶，并形成区域传统，延续时间长达 2000 年，是中国南方史前白陶的起源地，也是传播中心。

迄今为止，最早创造八角形（星）图像的，就是湖南人。内方八角，在高庙文化、汤家岗文化的白陶盘上发现了多例。而良渚人这只贯耳壶上的八角星纹，方向明认为和琮的设计有关。

作为良渚玉器的源头之一，安徽凌家滩遗址曾出土过一件明星产品：刻纹玉版。正中刻了一个大圆圈，圆圈中再刻一小圆圈，中心刻着一个很标准的八角星纹。玉版发现时，被夹在一只玉龟的背甲和腹甲之间，安徽大学历史系教授吴卫红认为，这应当与占卜或神灵有关。

牟永抗有另一种解读。他用线绘“解剖”后发现，玉版上面的图案，和仰视角度的良渚玉琮的展开图惊人地一致。它似乎是玉琮的“鼻祖”，或者说“打板”。

凌家滩还出土过一件神鹰，胸口有一个八角星纹。⊂⊃凌家滩遗址 （009）

凌家滩出土玉牌及拓片

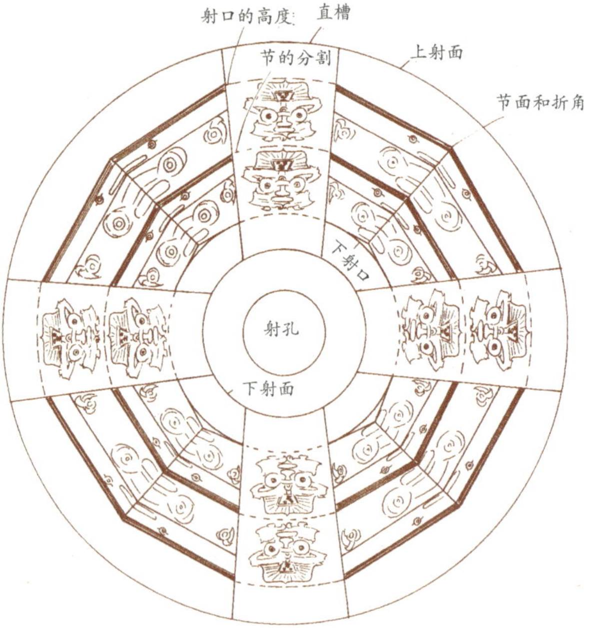

良渚玉琮上视展开图 方向明绘

八角星纹基本都装饰在陶器上，在玉器上，到目前为止，只见于凌家滩。这种八角星纹到底有什么功能涵义，没有标准答案。许多学者都做过探索，观点各不同，多往观测天象、方位等方面考虑。李新伟认为，可以理解为一种相同的宇宙观：两重圆圈和侧视微弧的形状表示天穹，长方形外轮廓表示大地，中心的八角星纹代表天极，中心圆圈和外层圆圈间的八条“圭形纹饰”如同连接两重天的绳索，同时表现八方，天穹外层伸出的四支“圭形纹饰”指向东北、东南、西南和西北，应是维系天地的四维。

说回良渚的壶。除了符号之外，这个贯耳壶没有其他纹饰，质量很好，跟良渚古城里贵族用的陶器差不多，这五个符号（有一说为四个符号）或许表达了一组意思，拱玉书认为，似与汉字有一定关联，董楚平先生释为“方钺会矢”，似有道理，但似乎也可以作其他解释。

鸟立高台

鸟崇拜，在新石器时期很普遍，到了良渚文化时期，达到了一个新高度，到处都是“鸟语”。当然，它不会随随便便出现在任何器物上，只会挑高级的地方呆。

有一只鸟被刻在玉璧上，站在一个高台上，高台上还刻了类似龟、蝎子的动物，考古学家起的名字很直白：鸟立高台。这件玉璧可能与祭祀有关，可能是巫师和以鸟形象出现的天神之间交流的密码。

有意思的是，古埃及第一王朝时期法老的荷鲁斯名牌（荷鲁斯名是法老名字的一种，荷鲁斯是古埃及法老的守护神），和良渚的“鸟

鸟立高台玉璧（良渚博物院藏）

鸟立高台玉璧

杰特名牌

立高台”的造型酷似。登录法国卢浮宫的数字博物馆网站，就能看到第四任法老杰特（Djet）的名牌。那么巧，而且大家都是5000岁的同龄人啊。

出现在玉璧上的刻符“鸟立高台”，大家一般不太当做“文字”来讨论，而且，它在良渚文化晚期出现，只有权贵阶层才能获得和使用。最有意思的是，这些东西当时并“不可见”。台北故宫博物院研究员邓淑蘋很早就指出，这些刻符刻得模糊，和良渚玉器整个雕刻工艺不是一个体系，可能故意刻得不太想让人看见。秦岭说，这种不可见是否具有其他特殊功能？比如和神的沟通我们不得而知，但显然它们是在广义上能传递信息的文字。

牛脚印

考古是偶然（也是必然）的。它自带的时间属性中，有一点很迷人：难以预料。

一头牛不知道是不是受了惊吓，留下了一串长长的脚印，有80多个——谁会这么闲去数牛脚印？千世万代，跑过的牛，走过的人，人来牛往，早已淹没在时间的洪流里，不留痕迹地消失了。但偶然发生了。突然间，某地——杭州余杭茅山，某时——距今4100～3800年的广富林文化时期的农耕层，某种动物——牛，踏进某块泥泞的农田里，从西南向东北快速跑过。

这头牛跟其他牛没啥区别，跑过就跑过了，但这件事只发生在它身上——茅山遗址及周边突然遭遇了长时间的洪水，洪水带来的黄褐色粉砂土——地质学专业说法，叫作水相沉积土，长期的水侵才会造成这样的粉土。这层土覆盖到了牛脚印上，等于给脚印做了一张拓片。牛根本想不到，泥土封印，脚印保存，它跑到了展柜里——80 多个清晰的牛脚印，采用整箱提取的方法从现场迁移，完成脱盐脱水，如今正在中国江南水乡文化博物馆展出。

在某蜡像馆看到名人的脚印手印，漂漂亮亮地死气沉沉，我想，你会更愿意看到牛脚印。

留在广富林文化时期
农耕层上的牛脚印

约 1.3 米的厚厚的洪泛层之下，就是 20 厘米厚的钱山漾和广富林时期的文化地层，挖去之后，良渚时期的大面积水稻田痕迹就出现了。

茅山水稻田 （147）

考古是挖宝吗？牛脚印、黄粉土、洪水层，是不是宝？刘斌说，挖到一个洪水层，没有人关注，因为没有宝，但实际上，它解决的正是时间段的问题。

正是这层厚厚的黄粉土，说出了时间的秘密：茅山地区史前聚落生态在此时终结。考古专家发现了厚约 1 米的洪泛层，通过对洪泛层泥沙微量元素的分析，距今 4200 年 ~ 4100 年前，长江流域暴雨成灾，洪水泛滥，大量泥沙随着潮水涌向杭州盆地，排泄不畅，静水沉积，良渚周边这 1000 平方千米的盆地不再适合人类耕种居住。而这种黄粉土在良渚遗址上普遍存在，卞家山也发现过。很多人问良渚人是怎

茅山遗址的洪水层

么消失的，可见，洪水与良渚文化的衰亡有一定关系，但这并不是标准和唯一答案。

此地沉睡了 2000 多年，直到战国时期的人们来了，才开始恢复了小日子。

地层学
相对年代
类型学
熟 土
探 方
刮 面
手 铲
洛阳铲
竹 签
真 弧
考古线绘

LIANGZHU
DICTIONARY

考古工具箱

考古工具箱

考古学（archaeology）是一门研究古代人类活动的现代科学。它是根据古代人类活动遗留下来的实物遗存，研究当时人们生活及社会状况，并解析人类文化、社会发展，探究其背景、原因、规律的学科。考古学研究的是古人类的遗存，恐龙等古生物化石不是考古学的研究对象。在中国，传统的金石学被认为是现代考古学的前身。

我们生活在地面上，造房子，修马路，工作，直到去世，都会留下功能不同的遗迹，包括垃圾，这是人类行为的核心，也是考古学家“遇到”你的重要线索，考古学家的习惯叫法就是考古学单元，字母简称：M 墓葬，H 灰坑，J 井 G 沟，F 房址，Y 窑址，T 探方（沟），L 路，等等。

地层学

“你现在看到的是越王勾践生活的地层，离我们站在今天生活的地面，也就差了 50 厘米。也就是说，现代的耕土层剥掉后，就到了春秋战国时期了。”郑嘉励站在隔梁上给考生打分，顺便给我科普了地层学。

写北村遗址的时候，写过一段话：5300 年前的声音，王权的塑造，古城的谋划，一个王国的安身立命，藏匿在地表之下第六层，那里是良渚文化层，良渚王国最早的 200 年。

考古学是时间的科学。

为什么距今 5300 年？为什么第六层是良渚文化层？很多人在意

这是什么宝贝，但考古人在意的是什么年代，墓地和祭坛是否同一时期建造，她是什么时候被埋葬的……判断遗迹和遗物的年代，是考古学必须解决的核心问题，年代、地层才是考古学家的“本命”。

人们如果决定在这里定居，通常会在天然“生土”上堆积起人工的“熟土”，这就是“文化层”——不是有没有文化，而是有没有人类气息，大量人类活动留下来的物品和活动痕迹，也叫文化堆积。有一天火灾，房子倒了，遗弃多年，变成废墟。或者住了好几代人之后，人去楼空，又有新人来，房屋推倒，重建新房。那时候，小孩丢失的玩具，头发上的簪子，喝完的饮料瓶，就会被踩进泥土里。几千年后，考古工作者就会蹲在这里，观察土质土色，把头发上的簪子，喝的饮料瓶，小孩的玩具，重新拼图，归入不同的文化层，还原几千年前人们的生活样貌、流行趋势。

出版社编辑的书稿
像地层一样

随着居住和活动时间的延续，层次会越积越多，等于一本书，如果没有装订错页码——专业术语叫“打破”，那么，30 页肯定在 20 页后面，年代晚的地层总是“叠压”在年代早的层位之上，构成了一部记录遗址发展状况的无字书。

考古发掘就遵循这一规律，按地层构造从晚到早，有序揭露，不使各层出土物混杂（比如某地要建新房子，就要开挖基础，或者取土奠基，势必会扰乱原来的老旧堆积，那么“老东西”就会被带到新晚的堆积中，这就是一种“扰乱”，所以需要考古人的火眼金睛，不被干扰），第 2 页不能订在第 12 页后面，对发掘材料进行研究，便可以重建遗址的历史。

而除了地层学，还有从形制变化讨论遗物及其所属遗迹的相对年代问题的类型学。

类型学

简单说，就是器物排排队。同类陶器，从胖子变成瘦子，质地、特征，随着时间的推移，形态不断在变化，而且是有方向的，主要看变化在口，还是脚，还是腰部。比如良渚文化的典型陶器双鼻壶，良渚早期人用的和良渚晚期人用的样子是不同的，流行趋势不一样。早期的双鼻壶就是胖胖的，慢慢到晚期减肥成功，居然变成瘦子了。尤其看“脖子”——颈部，从脖子粗短，身体胖，到脖子越来越瘦长，居然出现了“天鹅颈”，颈和圈足高度一样，中间的肚子已经快要退化掉了，这种变化就是类型学。考古学家经常说，这就构成了“谱系”，也就是指一种器物形态的变化构成了形式逻辑关系的完整序列，比如双鼻壶从胖到瘦，就构成了谱系。考古学家就可以通过这些变化，判断相对年代关系。

考古学家可能不会在意一件陶器好不好看，而是更希望搞清它的内涵，也就是历史信息。但一件陶器是孤例，所以他们更想看到批量的标本。用赵辉的话说，遗址中发现了一件陶杯，说明不了太多的问题，如果遗址上每座房子里都发现了陶杯，再结合对它们的各种观察检测，也许可以断定使用陶杯喝酒是当时人们的时尚生活，再追踪可能会发现，为了拥有这种时尚，人们需要从外地采购这种特殊器皿等一系列行为模式。

相对年代

考古工作者会通过地层关系得出上下限的年代范围，也叫相对年代，位于下面的地层的形成年代，肯定早于叠压在它上面的地层。不管是正常叠压，还是有“突发状况”，比如你要新建一个墓，你不知道前面还有墓，结果挖掉了前面一座墓葬的一角，两个不同年代的地层之间发生了打破，形成过程的道理是相同的，被打破的墓葬肯定比打破它的相对年代要早。再通过类型学，考古学家知道这个地层出哪一类器物，它在文化里相对排得比较靠前；出哪一类器物，这个人跟早期使用那些器物的人实际上是没有关系的，要晚很多。

但是，到底晚多久呢？地层学和类型学只提供了解决相对年代的方法，对于历史时期，我们还可以借助文献记载了解它的绝对年代，但在没有白纸黑字且更为漫长的史前阶段，学术界就迫切需要一种绝对年代的测量方法。之前，人们用过树木年轮测年，但有局限性。直到 20 世纪 50 年代，碳 14 测年的技术诞生了。比如莫角山东坡的一颗种子，测年数据是距今 5000 年 ~ 4850 年。

当考古工作者把良渚遗址里发现的这些样品——种子、果实、木炭、木头残片、兽骨、人骨等碎片集合到一起，用科学方法去计算，我们就能知道，良渚城墙是距今 4600 年 ~ 4300 年建的，良渚水坝是距今 5000 年左右。显然，城墙要比水坝建得晚，而且晚很久，要等到距今 4600 年以后，才开始建呢。

但是，从另一个角度讲，绝对年代实际上是一种可能性，它只是这个区间里的某一个点。刚才提到，莫角山上的这颗种子自己不可能跨越 150 年，它存在于这 150 年里的某一个点。也就是说，绝对年代会因为各种原因导致数据偏差，有时候甚至偏差极大。所以中国考古界传统上对单纯依靠测年手段来断代有所保留。考古学家期望除了测年数据外，还能有地层依据可以互证。

这里要讲到良渚水坝。

良渚水坝普遍堆筑在生土之上，坝内几乎没有陶片等可以断代的遗物。所以王宁远说，这是中国考古有史以来最穷的项目，十多年来陶片几乎挖不出一块，一堆烂泥却改变了中国乃至世界水利史。坝上当时也没有人类居住，往往只有汉代墓葬，所以相对年代只能界定为不晚于汉代，无法证明其属于良渚时期。所以发掘前，考古队员不敢把找到精确的地层叠压关系作为目标，而是以了解它的内部结构、堆筑方法和性状为目标。

高坝和低坝的主动发掘，由王宁远领队，南京大学和山东大学具体实施。其中低坝系统选在鲤鱼山北侧，由南京大学黄建秋教授负责。高坝系统选在老虎岭，由山东大学郎剑锋博士负责。发掘开始时已近 2015 年年底，延续到 2016 年。

老虎岭坝北侧原来因为取土，形成一个断坎，坎上暴露出草裹泥的痕迹，所以人工堆筑迹象非常明显。郎博士等人先将坝体钻了些孔，分别在北侧断坎下和西侧与山体交界处布了两个探沟，并将整个断坎刮干净。结果在西侧探沟内，发现了一个叠压在坝身之上的很小的灰沟 G3。

那天，郎博士给王宁远打电话，说沟内发现的几片碎陶片，经过仔细辨别，应该是良渚晚期 T 形鼎足、侧扁足、盉足的残片，还有一块石刀的碎片，是良渚晚期的典型器物。

在其他遗址里数量成百上千、毫不起眼的碎陶片，放在水坝这里，万分金贵。郎博士将每一块陶片用锡箔纸单独包好，拿来给王宁远看。那时候，良渚古城正在发掘姜家山等墓地，出土了玉琮、玉璧等重磅玉器，但在王宁远眼里，完全不能和这几块陶片相提并论。他说，三块破陶片，改变世界观。

有了确凿的地层依据，就有足够的证据判断坝体堆筑年代不晚于良渚晚期，而测年数据显示老虎岭接近 5000 年。双重证据下，坝体属于良渚时期确认无疑了。

王明达讲，我们考古学是个学科，一个学科，基础理论是什么？方法论是什么？现代考古学的传统虽然从西方来，但是大家知道我们是土遗址，认土、划分地层、区分迹象的考古学单元、找面，这才是中国考古学的核心基础。如果考古学单元搞乱了，基础就出问题。我是搞考古的，这一条我到现在不会忘记，你获取的资料是你要有地层学、类型学的基础，所以我一定要强调田野考古学，我们既是动脑的，也是动手的学科。

熟　土

有一个小朋友曾经讲，熟土，就像炒菜，没煮的是生土，煮熟的就是熟土。感觉这本词典可以让她来写。

所谓“熟土”并不是一个严格的考古学术语。凡是经过人类翻动、搬运等“人为”作用的任何形态的土层、堆积等，相对原生土而言，都是“熟土”。生土（raw soil），就是没有人类活动痕迹的堆积，因自然原因比如洪水、泥石流、火山喷发等天然形成的土层，原生态，也可以叫死土。

1986 年反山发掘前，王明达等人在山上踏勘，就是在找熟土，也就是“土筑金字塔”的主体部分，这个“筑”，是营建过程——不是随便堆的，而是事先有设计，背后有管理，如此筑起来的“金字塔”。《反山》报告修订版里提到，所谓的“熟土”，是浙江考古工作者经过长期野外工作，对那些土质土色并不那么纯净，而包含物极少或甚至没有包含物，有时又夹杂一些红烧土、木炭、草木灰颗粒等形成的土台的经验辨认。这些土台在杭嘉湖平原、苏南平原往往被称为“山”或“墩”。认识上一旦突破，发现这些良渚文化时期人工营建的祭坛和墓地复合遗址就不是太困难的事了。20 世纪 80 年代以来，包邮区的考古工作者数十次对这类熟土墩的发现和发掘充分证实了这一点。而浙江考古工作者对熟土墩的认识，就是从反山开始的。

探　方

2022 年 4 月 14 日，北京大学文博学院教授徐天进成为良渚博物院新院长。他出生在新疆乌鲁木齐，刚出生没多久就被送回老家浙江永康。采访时他说，我的学生罗汝鹏（插播，浙江省文物考古研究所专职副书记、商周考古室主任，大家亲切地叫他“萝卜丝”）回浙江的时候，我自己有个私心，他回来之后，这边有考古工地，我退休之后，就去他的工地帮他看看探方。

我的同事编到这里说，“探方”这个词好专业，她百度了一下解释，更专业。

其实很好理解，看字面意思，就是考古队员用于勘探的方形工作面。一格一格，这就是考古队员的格子间，只不过他们的办公室在野外。同理，探沟，就是用于勘探的条形工作面。

有一句著名的话，考古人把论文写在大地上。探方就等于他们在大地上铺了一张巨幅米格纸，所有遗迹遗物都在这个网格里记录，为以后的研究和复原提供科学数据，这也是科学考古方法和非法盗墓的本质区别之一。一般情况下，探方大小为 5 米 ×5 米，是个正方形，但根据实际需要会进行调整，如果大型遗址或者墓地，探方太小会把遗存割裂，影响整体判断，就会采用 10 米 ×10 米。

南方和北方发掘方法不一样。王明达在发掘河姆渡遗址时发现，考古发现的迹象、遗物太丰富了，但是在记录上有点粗线条，4 个大地层有 1 米多，跨度 1000 年，他在北方实习的时候比这个细致多了。

在吴家埠发掘中，他采用了 5 米 ×10 米的探方。他说，这不是我的创造，完全是按照考古学应该操作的规程，再根据具体地形，做了一些针对性的改变。1965 年，他在山东实习，挖 5 米 ×5 米的探方。吴家埠出土过玉琮，他第一个反应，应该有墓葬，5 米 ×5 米探方在河姆渡第一期发掘时用过，结果不断扩方，扩来扩去迹象就搞不清楚了，所以河姆渡第二次发掘就改为 10 米 ×10 米探方，结果带来的问题是层位很难控制。

七八十年代，一个考古人要控制 100 平方米的“地盘”——地层和各种具体迹象，如果碰到复杂的，就很难 hold 住。王明达综合两种探方尺寸的优缺点，“发明”了 5 米 ×10 米的探方，在吴家埠发掘之前还没有人用过这种尺寸。这样既比 5 米 ×5 米的探方有更大的操作空间，不至于转不开，又比 10 米 × 10 米的大探方更容易控制地层。最后实践下来，虽然有点手忙脚乱，还是拿下来了。考古学单元清楚，地层清楚，墓葬的墓坑一个都没有漏掉。几个时间阶段，马家浜、崧泽、良渚，层位也没有混乱。

刮　面

不要被电视剧里的探测器骗了，刮面，才是真正确定地下是否埋有遗迹的关键。人的活动都在地面上，不同性质的活动会导致地面被不同程度地使用，人的活动越频繁，地层就迅速上升，反映到土地上，就是土质、土色的细微差别。如何判断这些精微之处，需要通过刮面来判断遗迹现象，这是一个考古人田野考古水平的关键所在。

没事多刮面，考古人才懂的梗。

清表——清理完表层的近现代地层后，就进入到文化层了，开刮！半跪地面，手持手铲，一层层慢慢清理地面上坑坑洼洼的浮土，反复观察土质土色包含物的变化，判断出遗迹。直到刮出平整的“新鲜”地面，要光洁如新那种，能够看出地面上呈现出不同颜色的地块为止。

在脑子里刮面是没用的，手眼不会，没用。每挖一层就要刮一遍，而不是懒着不刮，否则一个劲往下挖，挖过头，就搞不清墓葬开口层位，遗物被混在了一起。

上世纪 80 年代，良渚墓葬始终被认为是“平地掩埋”，1970 年代在河姆渡发掘时，考古所常有碰头会，是否有墓坑，就是议题之一。怎么找？刮。

发掘反山时，为什么往下挖 1 厘米就要刮一次面，就是为了确保墓坑刚一露头就被捕捉到，如果碰到骨头、玉器了，再去找墓坑，这个时候其实已经挖过头了。

墓坑开口的地方，就是新的地层开始的地方，因为地层就是人们生活的地面，死了也在这个面上挖坑埋了。有些墓葬，开口于表土层下，也就是现代耕作层下，考古人习惯叫“一层下”，有些墓葬开口于“二层下”，有些开口于“三层下”。不同年代的人，都在同样的地方“生老病死”，但开口于一层下的墓葬，肯定比开口于三层下的墓葬年代晚，这是常识。如果我们不刮面，只是直接往下挖，就会挖过头，开口于一层下的墓葬，我们很可能误以为它是开口于二层下，这个墓坑也就错过了。挖过头了 10 厘米，就意味着 10 厘米的东西混在了一起，相对年代就错乱了。

那次省考古所的田野考试，考官就要考查灰坑的坑口有没有画线，画线也是基本技能。如果没有画，本来是二层的开口，就会变成三层的开口。良渚人和崧泽人是不能见面的！

上世纪七八十年代，认识水平有限，熟土墩的墓坑是很难发现的。人们挖了一个坑，再把土重新埋回来，土质土色的差别很小，所以我们才要用手铲刮。夕阳落下，考古人在地面上一层层泼水，时刻观察，就是为了第一时间抓住地层，不要挖过头。所以刮面时，我们需要时刻关注土质土色有没有发生变化，有没有新的墓坑露头，有的话，就是一个新地层的开始，器物马上分开放。从上往下编号，把每一层的坛坛罐罐分门别类，你就可以看到同一类器物在不同时代，从早到晚发生了什么变化。这就是地层学和类型学。

考古工作是体力活。铲边、刮面、测量、爬山、过河、做饭、喝酒……刮，是硬道理，用方向明的话说，既愉悦了判断，又增加了臂力。

手　铲

考古学家最常用到的工具是手铲，是他们的吃饭家伙，考古界的瑞士军刀。

田野考古科技化程度越来越高，全站仪、RTK 测量仪、大空间扫描仪等黑科技都有，但手铲仍然是考古工地使用频率最高且必不可少的工具。中国考古学界设立的奖就叫“金手铲奖”，国外把在考古遗址进行发掘的工作人员称之为“trowelman”。

手铲原来是建筑行业使用的工具，后来被考古学家引入考古学进行田野发掘，功用主要为刮面、划线、剥剔墓坑等，可以根据不同的使用目的来选择部位。手铲分为尖头与平头两种，尖头用于剔土、划线，平头用于寻找遗迹原始边壁和脱边。

国内考古工地还可以见到一种平头宽身手铲，这种手铲也称之为巩义铲，据说由河南巩义一位具有十多年考古发掘经验的老师傅齐应济创制。这种手铲结合了尖头铲和平头铲的特点，集刮面、划线、找边等功能于一身，是国内考古工地的神器。湖南女孩钟芳蓉考进北大考古专业，河南省文物考古研究所就送了她一把巩义造的手铲。

吴家埠发掘，王明达指定的田野发掘规程里，有一些特别的措施和规矩。比如，铲平剖面要有什么样的工具。一般的平头铁锹太厚重，加之土质具有黏性，太阳一晒又梆梆硬，无法铲出光洁、平整的平剖面，

考古工具集合 梁丽君绘

洛阳铲
钢尺
水平仪
标杆
皮尺
平头铲
垂球
刷子
尖头铲
刷子
刷子
小竹片
小刮铲
铅笔
圆规
扫帚
橡皮
真弧
记录本

很难及时发现遗迹露头和地层变化情况。牟永抗和王明达根据以往在浙北地区史前遗址的发掘体会，提出改进工具的办法。在吴家埠遗址发掘之前，专门设计制作了一批平头铲，很窄，前端扁薄，锋利，轻巧，同时还要考虑到安柄的角度手握上去怎样才有利于铲光平面和剖面。先打样，再试用，最后在铁匠铺成批打制。杨楠说，这些特制的平头铲在这次发掘乃至后来的田野考古工作中发挥了极其重要的作用。

洛阳铲

说到考古，很多人第一反应：洛阳铲？打粽子？

请注意，这个经常出现在盗墓小说里的“神器”，不是考古发掘工具，而是钻探用的，这是考古发掘的前提——找到什么地方有遗址。考古发掘的面积都是有限的，至少是少于整个发掘区的。如果发掘区很大，几乎就是大海捞针。而遗址上暴露的现场很少，无法了解地下遗迹的结构和埋藏状况，在正式发掘之前，就有一个很重要的步骤，钻探，也就是钻孔勘探，国内一般使用探铲，也就是“洛阳铲”。半圆形铁锹，一端有柄，可以接长的白蜡杆。往土里一插，筒形铲头就会把地下的土带上来。有经验的考古工作者一看土质土色，就可以推测地下文化堆积的分层、深度等等信息。比如看到几种不同的土混杂的“五花土”，通常就是墓穴里的填土。刘斌发现良渚古城的那块关键的石头，就是用洛阳铲探到的。然后，才是发掘——揭露已经知道了的遗迹和遗物。

很多人以为考古人有什么先进的设备，可以透视地下的文物，确实有，比如磁法勘探、金属探测甚至是无人机热成像等等，但最常用的还是普通的探铲。探铲也并非考古专用，在建筑、公路、铁路、矿山等领域里都发挥了基础性作用。

要纠正一个说法，“洛阳铲是盗墓贼发明的”，这也属于考古坑之一。考古学不是天上掉下来的，地层学借自于地质学，类型学是生物学的概念，考古用的工具也都是生产生活用具。

洛阳铲不是什么地方都管用。比如钱塘江以南，山地丘陵的地貌，本来就有自然高地，埋墓直接选山上，所以考古发掘辨认墓坑相对容易，因为墓葬的周边都是岩石。浙江省文物考古研究所研究员郑嘉励经常讲一个例子，如果我们跑到绍兴，绍兴古墓是直接打破基岩的，根本就不需要洛阳铲，拿钢筋来扎就行，一插就碰到基岩，一般就是墓坑。洛阳铲，没什么神秘可言。但是，钱塘江以北情况就不一样了，人为堆筑土墩，也就是在熟土里面挖墓坑，时间过去千年，墓坑的填土和坑外的原生土差异越来越小，要分辨出来，就难了，这就需要田野考古的技术和经验。

竹　签

1986 年，在《余杭县长命乡反山良渚文化墓葬发掘操作细则》中规定了“随葬品一经露头，应改用竹签、毛刷等工具小心剔土，不再使用金属工具”，所以在墓内的发掘清理中，大家都准备了用竹片削成的大小宽窄各异的十多件工具。考古队员坚持使用竹质工具精心剥剔，没有损伤一件玉器。

这些事，永远不可能用机器替代。有人说，为什么考古发展到现在百年了，还在用手吭哧吭哧地干？“刮面、剥剔，怎么能用机器替代？乐趣都没有了。”方向明说，剥剔器物就更讲究了，手感也很重要。比如剔玉器，竹签是不会碰到的，刚刚好到这个泥点，丟一下，就剔出来了。水平差的人，上面就会留下竹签痕。

真　弧

像一把木梳子，这叫真弧，日本人发明的考古绘图神器，全手工制作，上面像梳齿一样一根根的，是毛竹做的。

一把真弧，要 4000 块人民币，有点贵，但画文物轮廓时用到的概率很高。真弧上每根梳齿都是可以滑动的，这样就可以依所画器物的外轮廓进行调整。比如画陶器，有的胖，有的瘦，一条线要测 N 多个点，弧度很难画得准。有了真弧，只要按在陶器上，调整真弧的梳齿，使它们和器物的轮廓贴合，拿走真弧，放在绘图纸上，沿着真弧记录下来的轮廓线描，陶器的外廓就完美复制下来了。比自己画更精细，效率也高。

真弧

考古线绘

王明达说，方向明是唯一把反山和瑶山所有玉器都摸过一遍的人，因为他全部画了一遍。

1999 年 5 月—6 月画瑶山玉器，单件计 2600 件，总共实际画图 39 天。2001 年 5 月开始画反山玉器，每张图纸的角落，他都标上了绘制的日子和时间，反山出土器物的数量更大，墓葬中的玉器就 1100 多件（组），不计玉粒、玉片，单件计 3072 件。光两个遗址，他就画了超过 6000 件玉器。

良渚人脖子上挂的“项链”，比如瑶山遗址出土的一串珠子，就有 200 多颗，尽管线图画个珠子也简单的，但他每画一颗，都要重新测量。

“在我画第一颗珠子的时候，你知道我的心情是什么样子吗……像我这样爱动的人哦（一枚运动健将，跑步、游泳、骑行），只好尽量让自己心静下来，那后面还有一大堆呢，慢慢画。这种经历是经常有的。反山玉器整理完后 1 年，我几乎没再写过关于良渚的文章。”他跟朋友和同事说，诶，不要在我面前谈玉器哦，翻脸了。

画反山，晚上喝半斤白酒，可以继续画到 12 点。天气热，戴了手套画不方便，所里特地把用旧了的窗机，装在他房间的门上，这样，汗水就不会沾到玉器上了。

方向明没有学过美术，但喜欢，画得勤，他念中山大学时，就有考古线绘课。要知道，以线绘和拓本来体现器物的外形和结构，是考古学的传统记录手段，只是现在，线绘课在很多大学的考古学课程中被省略了。

学校里，别人还在画碗的时候，老师已经让方向明开始画袋足鬶了，就是那款长了三条萝卜腿很复杂的陶器。他也是班里老师唯一让画袋足鬶的人（傲娇脸），所以一毕业，他就自己独立画图了。

画的时候，一般来说，他会先把玉器拿在手上看一会儿。比如良渚人的头部装饰——三叉形器，算是复杂的玉器了。方向明不厌其烦地画了所有面：正面、侧面、背面、上视、下视。“就是因为它不是一个平面，正面凸起来，还带点弧度，所以要把弧凸面画出来。背面还有凸块，还钻了几个洞，人们准备去组装，所以要把背面这些洞画出来，洞是怎么钻孔的，要通过剖面把怎么样钻孔的情况也画出来，这就是死画的。”

看完器物，再把它放在米格纸上，上面有很多点，都是测点。如果纹样复杂的，像权杖，不用米格纸，先要用拓片。

“现在科技发达，照片可以拍正投影，可以通过计算机形成，以前没办法，把拓片在复印机上放大一定的倍数，然后用硫酸纸蒙上去，照着器物描。因为玉器小刻纹细，拓片很模糊，玉器刻纹 1 毫米中至少有 3 根以上的线，所以一定要对着实物，对着描。”

良渚玉器除了玉璧，普遍都很小，很考验眼力——那时他眼睛好，现在戴老花镜有点问题。

他也不用放大镜，“只要我眼睛不花，刻纹玉器它不复杂，就是要花时间，当然技艺要熟”。

画图那么多年，他觉得最难画的，就是拿针管笔画螺旋线。

良渚人对螺旋线是真爱啊，到处都有，而且还多变。画螺旋线的时候，不能够重叠，所以手不能抖，他觉得这个最难，其他的都很容易。而不少螺旋，你看着是一根线，其实它是互旋的，两根线组成的，很费劲。

还要特别说一下画图神器。一支 0.1 毫米细的德国针管笔，以前没某宝的时候还买不到。0.1 毫米的笔尖什么概念？没有再细的笔了，比头发丝稍粗一点，像丝绸修复师的修复针最细的，直径也有 0.35 毫米。

但实际上，5000 年前良渚人的刀工和眼力，比我们更好，比 0.1

毫米还细，因为1毫米内，良渚人又刻划了3到5条线，所谓纤毫毕现，就是这个意思了。而方向明只有一条条手绘，才能做到这种程度。

可能你又要问了，方老师，现在都用电脑画图了，为什么还要这么费劲手工画?

“我觉得，手工测绘，是绘图者和器物直接的交流，也是一种研究，电脑测绘自动生成，相当于机器生成机器，缺少了研究部分。我经常说，多去画画，你就能记得很牢。”

“我画图还是比较快的，超乎常人地快，我一般画完整的陶器，也不是特别复杂的，一天可以画30件，画一般的标本，小碎的口沿片，也要测量口沿大小，一天可以画超过70件。”

但这个速度要建立在什么情况下呢，他上卫生间也要跑着去，坐下来之后，一点都不动了。

考古是透物见人，方向明的绘图，是另一种透物见人，见考古人，见良渚人。画图更大的快乐，来自图像给他的暗示和解答。很多图像的含义，一下子可能无法解读，但在画图中，有了线索。

后 记

一

申遗后一年的7月6日，我给还在英国的秦岭老师做了一次访谈（下一本书的内容之一）。我说，对于良渚文化的认识，80年来不断在变化，不断在增多。但是，考古学家发现得越多，问题也就越多，以至于我们现在对它的认识，依然可能并不多。王宁远老师说，大概依然不超过20%。考古不断接近历史，但永远无法完全揭示历史。这反而更有趣，给了我们很多开脑洞的机会。良渚还有哪些未解之谜，还没有发现的部分（潜力），是您特别感兴趣的？

秦老师一贯率直：20%？这个怎么算出来的呀？对于古代社会，我们都无法知道面对的全体是多少，又怎么可能计算出来我们已经知道了多少呢？何况我们认为我们已经知道的不一定是历史真实，比如良渚到底有没有文字。

这个回答当时让我震了一下，可以说这两年经常会跳出来，也影响了我对历史考古以及很多问题的理解。又有一天，我问"鸟博士"陈水华老师关于良渚鸟的问题。他说，可以先和你说一个概念：取样偏差。考古都存在取样偏差。就算这1%也不是随机取样。由于取样偏差的存在，历史真相无法认识是有道理的。

以上这些，或许是我对良渚的了解“加深”的地方——并不是某个知识点的增长。

二

良渚申遗成功对普通人的认知，好像就是那一锤子的“结果”——知道良渚吗？知道。申遗成功了啊。“良渚”这个词突然放在了全国人民的面前（当然还有世界人民），或者说经常出现在新闻和热搜里。但事实上，对于它的前史，它的基本面貌，身高、体重、成长史，我们准备不足，强行吞下了这颗果实。这是我在良渚申遗之后的日常观察——不会特意观察，因为采访写作和人交流是日常。

有一次和几位小学老师聊天，他们问良渚的高度在哪里，能不能概括几个特点——这问题大得有点无力。我想，那就甩金句吧，比如那句很有名的话：“良渚是实证中华五千年文明史的圣地。”几位老师连续问了两次，才把这句话完整记下来。我表面平静，心里震惊，这句话在这些年对很多人（如我）来讲已经成为肌肉记忆，但在杭州，一线的教育工作者却毫无知觉，甚至是陌生。

问题出在哪里呢？我只能从写作者的角度，从记者这个内容生产者（不是搬运者）的角度去想。从 2012 年 4 月第一次接触考古，第一次写良渚到现在，整整十年，我其实就是一个样本——一个小白，一个普通人，如何走进没有文献记载的 5000 年前，看见良渚人的生活？我所知道的每一个关于良渚的外貌和内核，都来自手铲——手铲底下有新事，有人类遗忘的曲线和脉搏，《看见 5000 年》实现了这一点，记录了良渚考古发掘的过程。

但是，两年后再看这本书，很多怀疑和矛盾。我仅仅是介绍了一个人的身高体重，工作是 996 还是 000，喜欢吃什么，爱好什么，活到几岁——对普通读者来讲，这些是不是也够了？比如，有读者看到良渚人吃葡萄的描述，表示怀疑，实际上植物种子的发现就是铁证，那么，获取了这个知识点，也是一种收获。

但我对“涨知识”这个层级是不满足的，那问题又来了，普通读者需要深度吗？我的定位是什么？我不是专家。如果读者想去寻找玉琮是什么，或许更应该选择学术著作。那么，我的作用是什么？除了不断补充一些新发现新素材，良渚还有什么好写的？

有天在微博摸鱼，一位读书大V（@鹿鸣之什）晒了一本《普鲁斯特私人词典》，全是词条形式写的小短文，结合普鲁斯特本人和《追忆》里的故事，比如“里茨酒店的冰淇淋”“出版商”“电”等等奇奇怪怪的词条，东拉西扯，但全是毛茸茸的细节。有些是只有书迷才能懂的梗，而像我这样没有读过《追忆》的人，随便看一个词条，也没有障碍，普鲁斯特十级学者写的戏外戏足够引发好奇和兴趣。实际上，作者是一对父子，普通读者，不是作家或评论家或其他家。书后面还附有参考书单，可以进阶阅读《追忆》。

良渚是不是也可以有一本“非典型”词典？它不是标准器，但可以是基本款——良渚是一个复杂的生命体，每一个零部件都没有标准答案。它不是某度百科，而是一个看着良渚长大的局外人——走在考古边上的人的贴身观察。人与事都不必完整，可以零碎，可以是和考古人聊天时的八卦，未尽的讨论，独家资料，还有一点很重要，它是雪中冒着热气的温泉。比如，《水井》这个词条。

三

历史总是被轻易抛诸脑后，遗忘是人的通病。没有文字记载的史前如良渚，在这一点上更冤，连遗忘似乎都谈不上。如果不是80多年前后四代考古人至今未断的接力，我们不会知道世界上还有这样一个早期国家存在了一千年，并且影响了大半个中国。考古人在不断刮面和思考中，一点点拼凑出良渚人的历史，我或许是他和他们的观察员，尽可能记下那些转瞬即逝的时间碎片。

我在意的故事是：王宁远说，他曾经想过，申遗那天最好一个人静静地坐在石坞的水库边，开着手机听着它变成世界遗产。实际上那天他坐在阿塞拜疆首都巴库的世界遗产大会现场，正在给记者审稿。

方向明说，一个上午打打扰扰可以临两幅线绘图，下午如果不是要被叫去开会，就可以完成四幅。良渚王刻神徽的时候，一定也在房间里进行，房间要有大窗子，卞家山那个小气窗不行。一定也要有桌子椅子，蹲着不可以的。刻刀会常坏，这与我用坏了多支德国针管笔是一样的，刻刀坏的时候情绪会略受影响。刻纹会有个人风格，我临完八幅，就可以大体知道这个大琮是一个王刻的还是王累了有人替代的。

写这篇后记时，我也正经历新冠“杨过”到“杨康”的过程，我们是否可以对自己的历史保持记录——叙述和表达，在我看来，比追求“真相”更重要。还是那句话，我们不知道眼前看到的历史的真实度是多少。没有任何一个夜晚是真正寂静的，还有很多我们听不到的声音。

《看见 5000 年》出版后，我去上海给金宇澄老师送书，在一家老上海面馆吃鳝丝面，那是 2020 年 10 月 12 日。他问，你的理想读者是谁？我不知道，从来不去想谁读或为谁写这个问题。

你心目中的理想读者，你现在不知道，但会渐渐发现。好比你写信，你写信给谁？朋友，老师，有些事就不用交代，如果是长者，小朋友，基调就变了。你究竟为谁而写？我写《繁花》，说要放低姿态，实际上，内心深处我知道，我喜欢的几个人，比如上海的小宝，他们看得发笑，就好。我有标准。所以，一般性的事情是不是就不要写了？如果老金看，哎呀我也不知道啊，原来还有这种事。那就好了。比如考古装备，我不知道，就可以非常详细。哪些不要写？报道很多的，比如“建筑学家梁思成”，有什么意思？好在，考古的事情基本上外人都不知道。而参与者的人生经历，要写。

考古人，他们都是什么专业毕业的，他们的基本功是什么。过去没有照相机，他们到现场什么状态（附老照片、考古笔记、考古日记），而现在，他们又是什么状态。你最早进入考古现场的笔记还有吗。不要看不起当时的幼稚。等于说，写你所知道的考古，考古的步骤、程序，加入一些八卦。比如恋爱。宕开一笔，写写又回来了。考古的工具、材料、笔记本，仔细梳理。他们穿什么衣服，吃饭怎么吃，晚上哪里睡觉，过去和现在的比较。大家要看的是细节。这个叫贪得无厌。

这是那天在回来的高铁上记的小本本，一些解惑，一些开朗，极大催促《良渚词典》的发动。但当时，它的形态还未出现，却在写作中经常想起。其中大部分“非虚构”，我想会出现在下一本书里。

四

在写作中没有“应该这样”或是“该有的样子”，不必依照固定结构写下去，自由是在写作中得到的。但我怕自我重复，怕失去新鲜感，这就需要我重新打碎材料，串珠成链，做出另一条不同的手串。词条式写作，不同于两米长文，需要物尽其用、事无巨细，也需要点到即止，需要重新思考、凝聚，这又不是绝对的自由。这又是自虐了吧？但是，走近它（良渚也好自己也好）的唯一方式，就是再次书写它。虐一下挺好的。

从5000年到2022年，我似乎没有什么进步，还是那个继续捡石头的人。

这本词典里找不到标准答案，也不希望大家是来找标准答案的。我觉得它很像良渚水坝，挖了十多年，一片陶片都没有，但为什么还要挖？王宁远说，我每年的目标其实是看看能不能在这堆土里面找到一棵草，找到一颗种子。这才是最大的宝。希望这本词典是这样的一堆土。

有一次采访徐天进，他说，没人喂你吃饭，就不会吃饭了，这就不合适。当没人喂你的时候你也照样能吃。我想，这样至少可以激发一部分人的好奇心。和教育孩子一样，灌输式教育不是一种好方法，应该尽可能采用启发式教育方式。希望这本词典也是如此。

很多人说这几年考古很热，其实考古从来都没有热过，大家关心的是宝贝和传奇，追逐的是网红打卡点。作为考古学，它依然很冷。这本词典里没有这些，只有考古常温。

方向明老师审稿时在其中一页批注：这次终于以正视听了。这让我觉得小书起码在这一页有了一些价值。谢谢方向明老师的全书审读。感谢王明达老师，这两年我又去家里打扰了好几回，边听八卦边改文字，修正了很多“历史遗留问题”，并借给我好几本书当做写作参考。

谢谢刘斌、王宁远、徐新民、赵晔、宋姝、仲召兵、王永磊、朱雪菲、楼航、朱叶菲、夏勇、罗晓群、史鲁杭等老师审稿并提供照片，感谢浙江省文物考古研究所每一位老师的帮助。还有安徽大学吴卫红老师审读凌家滩章节并提供照片；钱欢青老师提供城子崖遗址发掘照片。

特别感谢同为水瓶座的张依欣，在怀着宝宝的时候为本书制作了两张极为重要的地图。感谢梁丽君女士，手绘了“考古工具箱”中的两幅重要插图，当然，本书其他眼熟的手绘图均来自方向明老师之手。

图书在版编目（CIP）数据

良渚词典 / 马黎著 . -- 杭州 : 浙江古籍出版社，2023.3

ISBN 978-7-5540-2510-9

Ⅰ . ①良… Ⅱ . ①马… Ⅲ . ①良渚文化 - 通俗读物 Ⅳ . ① K871.13-49

中国国家版本馆 CIP 数据核字 (2023) 第 020734 号

良渚词典

马 黎 著

出版发行　浙江古籍出版社
（杭州体育场路 347 号 电话：0571-85068292）
网　　址　www.zjguji.com
责任编辑　翁宇翔
责任校对　吴颖胤
责任印务　楼浩凯
封面设计　周　皓
设计制作　杭州舒卷文化创意有限公司
印　　刷　浙江海虹彩色印务有限公司
开　　本　880 × 1230mm　1/32
印　　张　11
字　　数　245 千
版　　次　2023 年 3 月第 1 版
印　　次　2023 年 3 月第 1 次印刷
书　　号　ISBN 978-7-5540-2510-9
定　　价　78.00 元